| 台湾研究系列 |

单身亡故去台老兵遗产继承制度之理论与实务

程立民　著

九州出版社 JIUZHOUPRESS | 全国百佳图书出版单位

图书在版编目（CIP）数据

单身亡故去台老兵遗产继承制度之理论与实务 / 程立民著. -- 北京 : 九州出版社, 2015.3
（台湾研究系列）
ISBN 978-7-5108-3580-3

Ⅰ. ①单… Ⅱ. ①程… Ⅲ. ①军人－继承法－研究－台湾省 Ⅳ. ①D927.580.354

中国版本图书馆CIP数据核字(2015)第073615号

单身亡故去台老兵遗产继承制度之理论与实务

作　　者	程立民　著
出版发行	九州出版社
出 版 人	黄宪华
地　　址	北京市西城区阜外大街甲 35 号（100037）
发行电话	(010)68992190/3/5/6
网　　址	www.jiuzhoupress.com
电子信箱	jiuzhou@jiuzhoupress.com
印　　刷	北京京华虎彩印刷有限公司
开　　本	710 毫米 ×1000 毫米　16 开
印　　张	10.5
字　　数	188 千字
版　　次	2015 年 6 月第 1 版
印　　次	2015 年 6 月第 1 次印刷
书　　号	ISBN 978-7-5108-3580-3
定　　价	32.00 元

序

本书作者立民兄在法制系统工作，已有相当时间，逐步累积厚实法学基础，当第一届“两岸和平发展法学论坛”在北京召开时，看到他非常关注两岸法治议题，对于行政法领域尤为用心，积极致力于两岸法学方面的研究，并曾于2013年第二届“两岸和平发展法学论坛”中发表论文，切中主题，立论宏观，个人深觉立民有强烈企图心，研究能量充沛，潜力无穷，将在两岸法学研究上出人头地，欣逢本书即将出版，乐以为序。

个人长期在法界工作，对于编著六法全书及各类法典得心应手，也曾参与“中央及地方法制作业”，对于有心在法学翰海奋扬，为法制工程及法学研究之先进同道，甚为佩服，而在阅读本书后，发现立民见解独到，论据精辟，尤其退除役官兵之财产问题，是一棘手又复杂之难题，涉及历史时空因素、社会变动、亲属认定、亲分关系及两岸发展等情形，立民能深入钻研，提出处理相关之思维与对策，相信本书是无人继承遗产法学上的新兴力作，实值学界及实务工作者援用参考，更可以作为“行政院国军退除役官兵辅导委员会”及其他行政机关在施政及执法上参考，因为只有深刻了解业务上的来龙去脉及法制背景，才能基于专业来处理实务及面对外界的质疑。

由于两岸法学交流互动频繁，对法学研究之促进及发展，有相当成果，个人近年来致力于两岸四地法学参访及交流，积极倡导法律风险管理新学门，曾举办多场法律风险管理研讨会、论坛、圆桌会议，多次强调应适时修正“两岸人民关系条例”，看到立民汲汲于这个领域的研究及努力，相信本书具有引领风潮的功能，带引两岸法学研究的动能，透过此书，也能让大陆读者了解台湾行政机关在实务上是十分谨慎及注重当事人之权益，本“法与时则转”，未来两岸一定会朝人民权益保障方向更加迈进，这也是我及立民今后共同的期待，戚谢他在两岸法学上所做的努力，也期许他能再接再厉，深化这方面的研究，获得更大的成就。

亚洲大学　讲座教授

施茂林

2014.11.10

自　序

遗产管理制度横跨“身分法”及“财产法”两领域，“民法”学者就此中间领域尚论述无多，遑论系针对单身亡故去台老兵之遗产管理，系依“两岸人民关系条例”授权由主管机关“退辅会”及其所属赡养、服务机构为之，在法制的设计上更添加了公法性质，迥异于“民法”上以亲属会议为中心之机制。

为厘清实务见解及该会遗产管理作业正当性，本研究以五章探究单身亡故去台老兵遗产制度，依序为：

第一章　绪论

于第一节说明研究背景、动机；次节则提出研究限制、方法及范围。

第二章　单身亡故去台老兵遗产之界定及性质

首节先界定单身亡故去台老兵遗产及态样；次节则探讨其性质，并与各国立法例之相关规定加以比较。

第三章　单身亡故去台老兵遗产管理的法制

先论本制度之法源依据（“台湾地区与大陆地区人民关系条例”及“民法”等规定）；再探讨“退辅会”任遗产管理人如何行使职务；末节论述现行“退辅会”就本制度之作业程序。

第四章　实务遭遇的问题及法律上的争议

除了探讨“退辅会”任遗产管理人时，与其他财产管理人职务竞合之情形外，另详述大陆公证书之真伪及不实疑义等具代表性之实务问题。末节则呈现实务见解的更迭，并以“公法”与“私法”区分理论评析审判权应如何归属。

第五章　结论与建议

总结前述，提出个人粗浅的研究发现及建议，并期能在后续研究中扩大对社会福利制度的探讨。

笔者曾任职于台湾“行政院国军退除役官兵辅导委员会”十年，专责处理单身亡故去台老兵遗产管理业务，经手案件数百件，深知此领域之复杂及繁琐，需娴熟“身分法”及“财产法”两领域始能专精。特别是“台湾地区与大陆地区人民关系条例”实施后，基于“民法”之“特别法”，成为无人继承遗产法学上的新兴领域，深值学界及实务工作者深入研究。

在本书的撰写过程中，笔者大量援引国内外相关理论及实务见解，力图提供本制度的理论基础及擘划未来改善的方向。而过去十年的经验也让笔者能更深度地分析在执行上的一些争议及瑕疵，而与其他坊间有关“继承法”方面书籍显有不同。

家父于 1949 年从河南信阳转进到台湾，从彼时年轻力壮的战士一转眼为 85 岁耆老，同袍们纷已作古，不少都是透过“退辅会”有关遗产管理制度来管理渠等遗产。笔者不论在工作上、血缘上及情感上，都对本制度有深厚的研究兴趣，谨以这十几年来的研究心得提供给各界先进参考，祈望在本研究的抛砖引玉下能更精进制度设计及效能、保障被继承人及继承人等法律上的权益，并诚实记录这个在大时代变动下的特殊继承制度。

透过上述研究分析，祈望主管机关能在本文的辅弼下，更加精进单身去台老兵遗产管理作为，俾符制度设计目的。

凡　例

一、本书之批注为数甚夥，其性质除引证来源出处外，尚有对正文补充说明之作用。为方便阅读，均直接附于当页正文之下。格式上系以著者、书名、出版年月、页码标注。引自期刊文章者，则系以著者、文章、期刊名、期别、出版年月、页码标注。并于参考文献中依拼音顺序详列整理。为让大陆读者了解，已将原来台湾使用的民国纪年修正为公元纪年，唯在引述原文或司法解释、判决者则未变更之。

二、本书引用之各行政机关函释、“司法院解释”、各法院（含地方、高等、“最高及行政法院”）之判决或判例，均只引其案号，不附注其汇编版本。盖上述机关之解释及判例查阅容易，各该机关网站多有载明，无须赘注。

三、至批注中所引用之报纸及网站，前者注明报纸名称、出版年月日、版面；后者则径以其全球信息网网址注明。

四、外国文献之引用亦系以著者、书名、出版年月、页码注明。引用多页时，则以 pp. 某页至某页标明。

五、本书所引用之德文或法律专门语汇，系采学界一般中译名称，为查阅方便，文末关键词索引已详列。

目　录

第一章 绪　论

第一节　研究背景与动机

远在古罗马法时代，即有无人承认继承制度。彼时无人继承之遗产称为绝产(Bona vacantia)，归属于国库，①已见国家力量之展现。台湾亦早在唐朝设有法制明文，依唐令（丧葬、户绝条）:“诸身丧户绝者，②所有部曲、客女、奴婢、店宅、资财，并令近亲，转易货卖，将营葬及量营功德之外，于财并与女。无女，均入以次近亲。无亲戚者，官为检校。若亡人存日，自有遗嘱处分，证验分明者，不用此令。”③

户绝遗产原可透过继绝（包括立继及命继）之方式达到祭祀继承之目的。丘浚《大学衍义补》云:“若夫其人既死之后，有来告争承继者，其意非是欲承其宗，无非利其财产而已。”④然在无前述情形且无亲女及次近亲下，绝产将官为检校（实际上系没收），收归国有（estate by escheat)。

现行“台湾民法继承编”虽就无人承认继承遗产有所规定，唯仍系以1930年民法草案继承编为基础，仅于1985年增订第一千一百七十八条之一规定，规范似有不足。纵今日台湾社会，似难发现有毫无亲属，致无人继承者。然1949年随国民党播迁来台的外省同胞，尚有为数不少是类只身独居之人，依台湾“国军退除役

① 戴炎辉、戴东雄合著，《中国继承法》，自刊，1992年，第213页。

② 户籍独立之家夫妻皆亡而无子孙（含有女无子）称之。曾代伟，《金律研究》，1995年，第153页。

③ “行政院大陆委员会”，《中共婚姻法与继承法之研究》，1993年，第278页。

④ 戴炎辉，《中国法制史》，三民书局，1991年，第269页。

官兵辅导委员会”（以下简称“退辅会”）2014 年 5 月底统计，[①] 单身去台老兵现有 56,773 人。当年年轻力壮的小伙子们，现多年逾古稀，为社会忽视的一群，孑然一身。就此单身亡故去台老兵之遗产，“国家公权力”应有延伸至该私法领域之必要。[②] 是以“台湾地区与大陆地区人民关系条例”（以下简称“两岸人民关系条例”）即立法明定由主管机关“国军退除役官兵辅导委员”会担任该等去台老兵之遗产管理人。

此种由行政机关介入私法领域事务者，与“国库”行政迥异，其形成应属社会国原则（Grundsatz des Sozialstaates）之体现，[③] 旨在衡平及处理社会正义（Sozialgerechtigkeit）等社会安全问题。[④] 揆诸台湾“司法院大法官会议解释第 485 号解释”，于解释理由书中，即载有“国家应提供各种给付，以保障人民得维持合乎人性尊严之基本生活需求，扶助并照顾经济上弱势之人民，推行社会安全等民生福利措施”等语。此外，从社会学的角度而言，20 世纪 70 年代著名的英国社会学家 T. H. Marshall 在其所提出的“公民社会学”（Sociology of Citizenship）中，[⑤] 主张现代的公民需具备民权、政治及社会三个因素，而认为国家或社会须具备相应的机制，以贯彻或实现这些条件，社会安全制度即系从福利国（The Welfare State）理论出发而来。是以秉于前述，对去台老兵之种种照顾有宪法学，乃至于社会学理论上之基础。

“退辅会”依法担任彼等去台老兵之遗产管理人，除相当程度具体化前揭原则外，实质上并蕴有“国家”保护义务之意涵，[⑥] 已然扩张“国家”任务于往生者，[⑦] 对去台老兵之照顾不可谓不周。

---

① http://www.vac.gov.tw/cxls/index.asp?pno=510（浏览日期：2014 年 6 月 24 日）。

② 参台湾“高等法院八十七年家抗字一三三号裁定”。

③ 参李惠宗，《宪法要义》，元照出版公司，2001 年 8 月，第 672 至 673 页。具体立法例可参考德国基本法第二十条规定；相较之下，本制度之法源依据（台湾“宪法”增修条文第十一条授权制定之“两岸人民关系条例”）得从该原则解释。

④ 参李惠宗，《论国军老旧眷村改建条例的多重不平等》，《台湾本土法学杂志》第 4 期，1999 年 10 月，第 79 页。此处社会正义为广义社会安全制度处理问题之射程范围，于本制度中，尤指在有大陆继承人声请继承之情形。

⑤ 参邝芷人，《公民社会与民主政治》，收录于《东海哲学研究集刊》第六辑，1999 年 7 月，第 200 页。

⑥ 参李惠宗，《宪法要义》，元照出版公司，2001 年 8 月，第 97 至 98 页。在台湾“司法院大法官会议解释”上，有“422、445、472、477、485、487、488、491 等号解释”可参酌。保护义务理论之说明，另可参李建良，《宪法理论与实践》（二），学林文化事业有限公司，2000 年 12 月，第 66 页。

⑦ 参许宗力，《法与国家权力》，月旦出版社股份有限公司，1994 年 10 月，第 127 页。学者认在积极、服务之国家尤有此类扩张情形。

作为一个“国家社会福利机关”，“退辅会”近年来在单身去台老兵遗产管理上虽有明显进步，唯具体作为尚未能为社会大众充分了解，纵职司监督、制衡行政权之立委诸公亦未见深入明了，[①]论者尚有单身亡故去台老兵的遗产流向何处之疑？[②]笔者于1999至2008年曾经办此项业务近十年，于收受一“行政法院裁定”后，[③]认为本制度实有详加探讨之必要，即兴起研究之念头；并于2013年由海峡两岸关系法学研究会在北京举办之“第二届两岸和平发展法学论坛”发表专论。谨将这十余年来研究心得野人献曝，爰从公、私等法律观点为文探讨现行单身亡故去台老兵遗产管理制度，期能为这一群曾经为国家付出青春、却被社会遗忘的人们做点什么，更希望能激起相关研究，填补这块社会法学的灰色地带。

第二节 研究限制、方法及范围

在“退辅会”欠缺明文说帖、复鲜相关学术文献佐参下，笔者尽可能依有限数据加以探讨，尽量发掘全般课题。研究方法系采取“叙述研究”（Descriptive Research）中之文献分析法（Documentary Analysis Method），[④]数据以中文为主，分析工具系以法律学观点为之。[⑤]

至于论述之架构不局限一般继承法著作以亲属会议之运作为中心，而扩及以宪法财产权之保障出发，包含：

一、单身亡故去台老兵遗产之界定及性质

本章首先界定单身亡故去台老兵遗产及态样，继而讨论其性质，并与现行法中无人承认继承之规定加以比较。

二、单身亡故去台老兵遗产管理的法制

次论现行“台湾地区与大陆地区人民关系条例”及“民法”等法律就单身亡故

---

① 笔者于2001年10月15日在“立法院”出席由赖士葆“立委”主持之公听会时，就本制度曾详为阐述。

② 参《台湾时报》1991年1月22日，第十六版。

③ “行政法院2000年2月24日八九裁字第二二六号裁定”，详见本文第四章第四节第三项二之部分。

④ 相较于田野调查（Field Research）、非介入性研究（Unobtrusive Research）及评估研究（Evaluation Research）等，文献分析法为法学方法论中最常使用者。相关概念请参考 Earl Babbie, *The Practice of Social Research*，李美华等译，《社会科学研究方法》（下册），时英出版社，第437页以降；Chava Frankfort-Nachmias and David Nachmias, *Research Methods in the Social Sciences*，潘明宏译，《社会科学研究方法》（上册），韦伯文化事业出版社，1999年，第349页以降。

⑤ B. Guy Peters, *American Public Policy: Promise and Performance* (3rd ed.), 1993, p.5.

去台老兵遗产管理之规定，兼及“退辅会”行政作业程序。

三、实务遭遇的问题及法律上争议

在处理实务上，以遗产管理人与其他财产管理人职务之竞合、大陆公证书之真伪及不实疑义及公法与私法认知之差异等问题较具代表性及学术讨论性，在该章分节详论。

四、结论的部分总结前述，提出个人心得及建议，并求遗产管理制度能符合其制度设计目的

本研究论述范畴横切面上分别从“民法”“两岸人民关系条例”，乃至公法之视角切入；纵切面则从法制沿革比较分析，期能予主管机关行政作为改进之参考，[①] 并落实当局顾去台老兵福利之美意。

① 在历年来当局再造方案中，“退辅会”屡被检讨为裁并的对象（参林福隆，《解甲归田的勇士们何去何从》，《国魂杂志》，1993 年 6 月，第 24 页；苏进强，《台湾退辅政策与退辅会功能之检讨》，《国家政策双周刊》，1993 年 4 月 30 日，第 11 页），未来是否仍由其为主管机关不明。论者以为在大陆去台老兵逐渐凋零情形下，“退辅会”已尽其阶段性任务，从行政组织精简、提升行政效率、整合社福体系、有效监督管理及当局再造等角度观之，应予裁并，纳入“社福部”（统合老人、妇女、儿童等族群）为宜。参江大树、陶仪芬，《裁并退辅会的理由与方式》，《国家政策双周刊》第十九期，第 7 至 9 页，1991 年 10 月 15 日；黄锦堂，《行政法的概念、起源与体系》，收录于翁岳生编，《行政法 2000》（上），自刊，2000 年第 79 页。当然，若为选票考虑又是另当别论。

第二章　单身亡故去台老兵遗产之界定及性质

第一节　单身亡故去台老兵遗产之界定

去台老兵在台湾称为“荣民”。[①] 在资深去台老兵群体中，单身者不在少数，究其原因，乃由于早期部队在所谓“一年准备、二年反攻、三年扫荡、五年成功”的口号下，订定“军人结婚条例”严禁适婚之士官兵结婚；尔后又因军人薪俸微薄无法成家，或早期台湾社会不重视军人等所致。去台老兵的类别依据“国军退除役官兵辅导条例”第二条及“国军退除役官兵辅导条例施行细则”第二条的规定，包括早年随军来台之退除役官兵、军士官服役满十年者、志愿服志愿役士兵期满退伍者、曾参加1958年“八二三台海战役”之作战官兵及金马民防自卫队、服士官兵役因作战受伤或因公致伤残经鉴定须长期医疗赡养者。迄至2014年5月底，去台老兵计有421,122人，[②] 去台老兵最多的前三个城市分别为高雄市、新北市及台北市，分有61,056、60,972及60,850人。具有去台老兵身份人员均为辅导会服务照顾之对象，透过“荣民”的身份来表彰其贡献，并以有关制度“崇功报勋”。

前章已叙明，在这些去台老兵之中仍有不少单身独居，未有嫁娶。虽“退辅会”屡劝其进住各地所谓“荣民之家”，唯效果欠佳。笔者访查得知的意见不是觉得“荣民之家”生活质量及管理措施太差，就是单身去台老兵欲自得其乐，不愿

① “荣民”这个名词，考其缘由系蒋经国先生为表彰早年随军来台之退除役官兵所称，为“荣誉国民”之简谓。1949年随国民党由大陆转进来台的外省籍军人约有六十万人，这群转进来台的外省籍军人退伍后，通称为“荣民”。

② 同注1。本文所探讨者，几乎全系前述第一类（早年随军来台之退除役官兵）之去台老兵。

过团体生活。[①]这些去台老兵目前被“退辅会”列为高危险群，随时小心注意其安危。[②]

彼等去台老兵往生之后，其遗产即为本书所探讨之标的物——单身亡故去台老兵遗产。唯其亡故时单身，不代表未曾结婚或派下无子嗣。“退辅会”在处理上，系依据“两岸人民关系条例”及“台湾民法继承编”进行管理，[③]兹就“退辅会”实务处理上得认定为单身亡故去台老兵遗产者分述如下：

一、在台及大陆均无“民法”第一千一百三十八条之继承人或有无不明者

是类去台老兵之遗产，“退辅会”定位为无人继承遗产，嗣将依“民法”第一千一百八十五条规定归属“国库”。唯在台无继承人尚可透过“退辅会”与户政机关资料勾稽查得，大陆是否确无继承人？仍须俟“两岸人民关系条例”第六十六条规定之三年期间经过后，无人向法院表示继承者，始能确知。“退辅会”处理实务上虽要求善后处理人员于治丧会议时详加记录，唯与会之邻右或友人常仅知“我听故○○○说……”，善后处理人员即笔录于治丧会议记录后，以之为圭臬。就此“传闻证据”，[④]竟为“退辅会”各所属赡养、服务机构任遗产管理人凭办之依据，殊难想象。拙见以为至多参考而已，仍应透过其他直接证据判断。

在台湾“民法”学界，就无继承人是否适用“民法”第五编第二章第五节无人承认继承规定曾有以下不同意见：

甲说：学者认为，[⑤]在严格意义下，无继承人不属于无人承认之继承，但因尚有对于遗产予以管理、清算，将其剩余之遗产归属于“国库”之必要，自应适用无人承认继承之规定。至关于继承人搜索之规定虽似无适用，但为慎重其事，仍有搜索继承人之必要。是以均应予适用。

乙说：旧日通说，[⑥]谓与“民法”该章节有间，属无主之财产，不属无人承认之继承。

---

① 笔者有闻“好不容易离开军中恶劣管教的团体生活，别再叫我回去”的论点。

② 但2001年5月初仍发生新竹地区某单身去台老兵亡故周余无人闻问致被狗食之案件。

③ http://www.vac.gov.tw/content/index.asp?pno=275（浏览日期：2014年6月14日）。

④ 此处借用“刑事诉讼法”之用语。本来在证据能力上，“刑事诉讼法”基于传闻法则，排除其得为证据；然在“民事诉讼法”的概念上，未尽能如此严格要求，得基于自由心证据以认定。尽管如此，仍不应将治丧会议记录全然奉为圭臬。

⑤ 戴炎辉、戴东雄合著，前揭书，第215页。

⑥ 罗鼎，《民法继承论》，1946年，第150页；胡长清，《中国民法继承论》，1946年，第160页；范扬，《继承法要义》，1935年，第140页；李宜琛，《现行继承法论》，1946年，第73页。均转引自戴炎辉、戴东雄合著，前揭书，第215页。

台湾“司法院”1933年的“院字第898号解释”则认为，此种情形应适用无人承认继承之规定，是以应以甲说为可采。

二、在台无继承人、于大陆地区有继承人者

除前述类型外，有的去台老兵系在台未历婚姻，或台湾地区继承人已较去台老兵先亡故，致在台无继承人，而大陆仍有“民法”第一千一百三十八条所列之继承人者。[①] 彼等应于前述三年表示继承期间内，备妥大陆亲属关系公证书及委托公证书，准予继承人之地位，向法院表示继承，并向“退辅会”所属赡养、服务机构申请继承亡故去台老兵遗产。在区分上，前一类型在“两岸人民关系条例”施行前由“退辅会”担任遗产管理人时期颇为常见；本类型则在两岸讯息交流日益密切后，已成为单身亡故去台老兵遗产管理案件之大宗，亦系本研究探讨的重点，详见本书后述。

三、在台继承人均抛弃继承者

所谓抛弃继承，系指继承开始后，依“民法”第一千一百三十八条有继承权之人依法定方式（“民法”第一千一百七十四条）所为，与继承立于无关系之地位之意思表示，[②] 相关规定见于“民法”第五编第二章第四节。在严格意义下，亦不可谓为无人承认之继承。[③] 唯在“民法”第一千一百七十六条第六项已明文准用之下，应无疑虑可能。若大陆亦无继承人，则属前述一之情形；若大陆有“民法”第一千一百三十八条所列之继承人存在，则属前述二之类型，分别判断之。

唯“退辅会”在作业上似未虑及此种情形，仅以目前外观上独居之单身去台老兵为遗产管理主体，而摒除有眷者，殊不知在抛弃继承时仍有为遗产管理之可能，而非有眷去台老兵之“家务事”而已。

四、单身去台老兵失踪致生死不明者

此种情形，于单身去台老兵返乡探亲时尤为常见，特别是在早期两岸信息不发达之时期。在大陆有继承人或其对台办、公证处能配合出具相关证明时还好。若大陆无继承人或前揭机关不配合时，则“退辅会”所属赡养、服务机构基于利害关系

---

① 指（一）直系血亲卑亲属—即子、女（如子、女于继承开始前死亡或丧失继承权者，由其直系血亲卑亲属孙子、孙女代位继承其应继分）。

（二）父母。

（三）兄弟姊妹。

（四）祖父母。

② 陈棋炎、黄宗乐、郭振恭合著，《民法继承新论》，三民书局，1993年，第263页。

③ 戴炎辉、戴东雄合著，前揭书，第215页。

人之地位，依台湾“民法”第八条规定，于失踪人失踪满七年后，声请死亡宣告；若该去台老兵年满八十岁，则得于失踪满三年后为之；若遭遇特别灾难者，得于特别灾难终了满一年后为之。

遗产管理人复依同法第九条规定并依死亡宣告判决内所确定死亡之时，推定该去台老兵为死亡，进而再据以死亡时点，为遗产管理职务。有前述各类型情形时，分别依其办理。

五、亡故去台老兵继承人因故不能管理其遗产者

此系“退辅会”于其“行政院国军退除役官兵死亡善后处理及无人继承遗产管理作业程序”之总则中明文揭示者，管见以为该继承人范围应仅指“大陆继承人”，因系“两岸乖隔”之故。否则若及于台湾地区继承人，则行政机关将侵越原本“民法”以亲属会议为中心之设计，“国家”高权应有所限缩，不应恣意为之。

唯“退辅会”似未充分认识到“因故不能管理遗产”之意涵，以该会2001年8月27日（2001）“辅壹字第一三二九二号函”为例，该函释将未领得台湾身份证之亡故去台老兵大陆配偶，认其无法以配偶名义领取去台老兵之遗产（存款、不动产等），属“两岸人民关系条例”第六十八条第一项所示“因故不能管理遗产”之范畴。

就之笔者有不同观点，认在去台老兵甫亡故之际，该配偶所提出之证明未臻明确，甚恐系伪造，[①] 不应先肯认其系继承人，而谓其“因故不能管理遗产”；而应适用同条项“继承人有无不明”，俟该配偶确能证明其为真正继承人时（即谓依“退辅会”前揭作业程序申请而符合规定或循司法裁判后），始将该遗产交付之。“退辅会”该函见解，在法学方法论要系三段论法（Syllogismus）上涵摄（Subsumtion）之不当。[②]

准此，大陆继承人于单身去台老兵亡故后，既须由经“退辅会”遗产管理人确认其资格，则此段期间不能置该遗产于不顾，是以在是否包含“台湾继承人因故不能管理遗产”之疑义时，应透过目的性限缩（Teleologische Reduktion）之法学方法，[③] 导回原来应有之适用范围，将本类型之主体限缩仅指大陆继承人；台湾继承人则透过其亲属会议（“民法”第四编第七章）践行其遗产管理之责即可，不需有

① 目前婚姻验证为海基会处理文书验证之最大宗，问题也最多。参张丽君，《严格把关文书验证工作》，《交流杂志》，第58期，2001年8月，第50页。另参阅《中国时报》2001年8月17日第十一版《大陆幽灵子女登台夺产，疑幕后有黑手》一文，个中花样详见本文第四章第三节。

② 参黄茂荣，《法学方法与现代民法》，自刊，1993年7月，第200页。

③ 参陈敏，《行政法总论》，自刊，1999年12月，第134页。

劳“退辅会”。

在另外一种情形（与前述函示前提不同），实务尚见有亡故去台老兵户籍原无法定继承人之记载，嗣有继承人出面承认继承者。在程序上，“退辅会”所属赡养、服务机关在查知有单身去台老兵亡故，先进行善后处理，在台有继承人时通常径交其处理；无继承人时，则进入遗产管理阶段。若台湾地区继承人于遗产管理阶段始出面承认继承、申请遗产者，因无法确认其系真正继承人，纵户政机关允许该继承人嗣后补登为“民法”第一千一百三十八条所列之亲属（特别是曾仪式婚却未登记之配偶），承办人员为求自保，避免图利，通常请申请人提起确认诉讼（如确认亲子或婚姻关系存在之诉）或给付诉讼（如返还遗产之诉[①]），俟法院判决确定结果而定，不宜径依户政登记即交付遗产。苟法院判决原告胜诉，则遗产管理人即应将遗产返还。如斯继承人合法取得遗产，承办人秉之结案，可谓皆大欢喜。

第二节 单身亡故去台老兵遗产之性质

在了解单身亡故去台老兵遗产之产生后，本节续就其性质加以探讨。在定性上，其归类于无人承认继承遗产（遗产管理人之地位）之论述，在“立法”例上有下列不同主义：[②]

一、大陆法系（德、法、瑞）法制，概以国家或地方自治团体为最后顺序继承人，遗产管理人就任时，虽尚未确定何人为继承人，但终有继承人时，管理人即系该继承人之法定代理人。

二、视无人承认继承遗产为法人，日本民法第九百五十一条仿瑞士 Graubunden 州民法采之。[③]依此主义，遗产管理人即是遗产法人代表，如将来继承人出现时，视为法人不存在，但管理人于其权限内所为之行为，仍不失其效力（日本民法第九百五十五条规定参照）。

三、英国法以管理人为被继承人之人格代表（Personal Representative），管理

---

① 按给付诉讼除包含确认诉讼之性质外，并有执行力，笔者通常建议对造为之。唯尚有部分律师未明诉讼标的法律关系，“乱石打鸟”主张侵权行为或不当得利，殊难想象。

② 参林秀雄，《无人承认继承时剩余财产之归属》，《月旦法学杂志》第二十六期，第 60 页；戴炎辉、戴东雄合著，《中国继承法》，自刊，1992 年，第 216 页；张琼文，《无人承认继承遗产之研究》，东海大学法研所硕士论文，第 12 页以降，1999 年 6 月；李永然，《大陆法律八讲》，永然文化出版股份有限公司，1993 年，第 43 页。

③ 王书江、曹为合著，《日本民法》，五南图书出版公司，1992 年，第 183 页；中川善之助、泉久雄合著，《相续法》，有斐阁，1974 年，第 393 页。

人系继承财产信托之所有人。于继承人有无不明时，暂时以遗产为被继承人之财产，管理人以固有名义清算、管理遗产，为被继承人之代理人；如继承人嗣出现，将遗产交还于继承人，否则将剩余遗产移交国库。

四、《中华人民共和国继承法》第三十二条则规定："无人继承又无人受遗赠的遗产，归国家所有；死者生前是集体所有制组织成员的，归所在集体所有制组织所有。"

台湾"民法"既不以无人承认继承之遗产为"法人"，复不以"国库"或地方自治团体为其最后顺序之继承人。唯其性质为何，学说容有下述不同见解：

郭振恭氏认为,①"民法"第一千一百八十四条规定乃拟制遗产管理人为继承人之法定代理人，而非被继承人之代理人。

林秀雄氏谓台湾不必仿日本法制。②盖遗产管理人于所为职务上行为，主观上非代理继承人为之，客观上亦非以本人名义，而系以自己名义为之，实与代理之显名主义相违背，无能为继承人之代理人。且若继承人确不存在，其为何人之代理人亦生问题。法条仅将该职务上行为视为继承人之代理，并非将遗产管理人视为继承人之法定代理人。

戴东雄氏认为，③应系目的财产之一种。管理人系以固有名义（法定任务）管理、清算遗产，继承人出现时，将遗产交还该出面之继承人；否则，将剩余财产交予"国库"（"民法"第一千一百八十五条）。而"民法"第一千一百八十四条："遗产管理人在继承人承认继承前所为之职务上行为，视为继承人之代理，"不过为保护交易安全，不许继承人否认管理人所为职务上行为之意，非真正之代理人。遗产管理人乃基于其固有之法定任务，有管理、清算遗产之权限。如继承人承认继承时，将遗产依其现状交还于继承人已足。

范扬氏则批评："民法折乎二者之间，一方以国库为剩余财产之归属人，而非真正之继承人，一方废弃法人主义，以遗产管理人纯为继承人之代理，其务求切实明显之立法趣旨，未始绝无见地。然依第一一八四条规定，仅以公告所定期间内有继承人承认继承者为限，其管理人前此所为职务上行为，得视为继承人之代理。若期限内竟无人出面而承认，则国库既非继承人，而继承人又不存在，其前此所为行为，将为谁人之代理耶？毕竟其间管理人既无本人可以代理，而遗产上权利义务，

---

① 参陈棋炎、黄宗乐、郭振恭，《民法继承新论》，三民书局，1993 年，第 283 页。

② 参林秀雄，《民法亲属继承争议问题研究》，五南图书出版公司，2000 年，第 311 页。

③ 戴炎辉、戴东雄合著，前揭书，第 217 页。

亦无主体可以归属，因之在学理上自难自圆其说，而立法例上尤觉驴马皆非也。”[①]

罗鼎氏见解：“此种代理系由法律规定而生，故为法定代理人之一种。然究系出于法律之拟制，非继承人之真正法定代理人。故出面承认继承之继承人如为未成年人，遗产管理人之职务仍立即终止，而应将所管遗产，移交于该继承人之法定代理人。”[②]

以上众说纷纭，各有已见。在单身亡故去台老兵遗产管理之情形，管见认以戴氏见解较妥。唯“两岸人民关系条例”基于“民法之特别法”地位，应以之为管理依据，而不仅依“民法”规定。在“两岸人民关系条例”及其授权命令规范不足时，始以“民法”规定补充。在有继承人出面承认时，不能如罗氏所言遗产管理人职务立即终止，仍应细密审查其资格，符合“退辅会”的“退除役官兵死亡无人继承遗产管理办法”始可。关于“退辅会”就之具体运作请详见次章说明。

① 范扬，《继承法要义》，1935年，第143页。转引自戴炎辉、戴东雄合著，前揭书，第217页。

② 罗鼎，《民法继承论》，1946年，第152页。转引自戴炎辉、戴东雄合著，前揭书，第218页。

第三章 单身亡故去台老兵遗产管理法制及运作

第一节 绪说

台湾"宪法"第十五条规定人民之财产权应予保障。所谓财产权应受保障之意义，系人民只要是以合法方式所获得之财产，就应该受到国家的保障。人民的财产是一个"所有权的组合体"，可以让特定所有权经过自由的处分、流通而获得利益。①

然而，财产权作为制度性保障（Institutsgarantie）之权利，国家对其得予以适当之规制。正如同所有的人权都不可滥用而危害公益一般，财产权虽能使个人得形成自我责任之生活，②唯负有"社会义务性"（Sozialbindung des Eigentums），③国家得秉于公益立法限制之。从而，现代宪法就财产权之保障已不再服膺所谓的"绝对保障论"，而采"相对保障论"。④

准此，在吾人探讨单身亡故去台老兵遗产管理制度时，就法制上之种种限制应提升探讨层次，不应仅从私法角度观看，尚须虑及基本权冲突之可能（如大陆地区

---

① 就此意义而言，传统宪法学说将财产权视为自由权的一种（即财产自由权）。参陈新民，《中华民国宪法释论》，自刊，1997年，第281页；《宪法基本权利之基本理论》（上册），自刊，1996年，第309页。

② 参李惠宗，《宪法要义》，元照出版公司，2001年8月，第255页。

③ 德国威玛宪法第一五三条第三项及基本法第十四条均明文规定财产权负有义务，行使财产权必须兼顾公共利益之要求；台湾"宪法"第二十二条及一百四十五条亦可导出前述义务性。参李惠宗，前揭书，第193页。

④ 陈新民，《中华民国宪法释论》，自刊，1997年，第292页。

人民与台湾地区人民共同继承之“劣势”)。[①] 盖遗产之继承亦属“宪法”上财产权保障之范围,[②] 虽“宪法”增修条文第十一条已透过明确之“宪法委托”[③] 制定了“台湾地区与大陆地区人民关系条例”,[④] 得以特别规定为两岸人民权利义务关系不同之处理,[⑤] 唯仍应仅遵“宪法”第二十三条比例原则之适用,尽可能地赋予人民有更大的财产权行使及保有权限。在下述就单身亡故去台老兵遗产管理制度“法源”依据及“退辅会”行政程序之介述中,笔者除试图拉高论述层次外,并透析本制度法制上之良窳。

第二节　法源依据

自 1987 年台湾当局开放一般民众赴大陆探亲以来,两岸民间接触日益频繁,两岸法律体制的不同也带给法学界新的思维。在两岸法域(Rechtsgebiet; Territorium legis; Legal Region or Law District)域外效力发生冲突下,[⑥] 类似国际私法之设计,同样是解决“冲突法”问题的“台湾地区与大陆地区人民关系条例”于焉而生,使两岸人民的关系有了法制化的依据,而不再是随政策摇摆。

按“冲突法”现象有二:一为国际私法;一为区际冲突法。而所谓区际法律冲突(Interregional Conflict of Laws),依学者见解,系在一个国家内部不同地区的法律制度间的冲突。[⑦]“两岸人民关系条例”之性质,依彼时“行政院”向“立法院”

① 概念详参李惠宗,《宪法基本权与私法的关系——德国联邦宪法法院判决解析》乙文,载于李惠宗著,《权利分立与基本权保障》,韦伯文化事业出版社,1999 年,第 273 至 295 页。甚至有基本权利“对第三人效力”(Drittwirkung)的问题,相关论述参见李建良,《自由、人权与市民社会》,收录于李建良著,《宪法理论与实践》(二),学林文化事业有限公司,2000 年 12 月,第 35 页。

② 除“宪法”第十五条简单的五字略述外,“大法官”会议直接阐明者亦不多,“释字 37”仅言“宪法保障人民财产权之精神”;嗣后之解释亦多论征收法制,如“释字 400、409、425、440、513、516、573、672”等。管见认为“大法官”宜伺机就之详为阐述。

③ 学者陈新民忧虑“立法”者常未受“宪法”明确委托,即毫无拘束性地“立法”限制、剥夺人民财产权,将使“宪法”第十五条保障财产权之精神丧失殆尽。参陈新民,《宪法基本权利之基本理论》(上册),自刊,1996 年,第 353 页。“两岸人民关系条例”基于“宪法”增修条文尚与前述无违。

④ “行政院”以“台八十一字第三一六六九号令”公布之。

⑤ 类似的设计,同样可见于台湾地区所制定的“香港澳门关系条例”,旨在规范及促进与香港及澳门之经贸、文化及其他关系。依“香港澳门关系条例”第一条但书规定,“台湾地区与大陆地区人民关系条例,除本条例有明文规定者外,不适用之”。可知“香港澳门关系条例”系两岸条例的“特别法”,于竞合时优先适用之。

⑥ 黄进,《区际冲突法》,永然文化出版股份有限公司,1994 年,第 17 页。

⑦ 参黄进,《区际冲突法》,1994 年,第 82 页;吴天明,东吴大学法研所 1998 年硕士论文,第 5 至 26 页。另请参照台湾台北地方法院 1990 年度家诉字第十号判决。

提出之“立法”总说明，[①]系采“区际法律冲突”之理论。从这个角度来看，“立法”者透过该条例之制定，旨在解决两岸法律冲突。在本文之探讨范围内，尤指大陆人民继承台湾地区人民遗产之法制。

自此，除相关行政机关（“国有财产局”“国防部”“退辅会”，参见该“条例”第六十七条之一及六十八条规定）就在台无继承人、继承人之有无不明或因故不能管理遗产者，有了权限分配的明文外，[②]另对大陆同胞在“继承法”上有异于“民法”之设计。依学者见解，系与台湾地区人民之权利义务区别，不适用台湾地区一般“法”。[③]

本书因焦点集中于单身亡故去台老兵，尚不赘述“退辅会”以外如“国防部”或“国有财产局”之作业。以下谨从法制沿革之观点就“退辅会”处理单身亡故去台老兵遗产之法源依据及内容分析：

第一项　两岸阻隔时期

两岸阻隔时期，定义上系指 1987 年前尚未开放两岸人民往来之时期。由于当时无从得知单身去台老兵在大陆地区有无继承人，对于渠等遗产之处理，依彼时实务见解，向依“民法继承编”第二章第五节关于无人承认之继承各条规定办理。

例如早在 1955 年 12 月 24 日，前“司法行政部”即以“台四四公参第六八八八号函”，即指示应依下列方式处理：

“一、其小孩均居留大陆无一在台湾者，似可依‘民法继承编’第二章第五节，关于无人承认继承各条办理。

二、在台湾仅有一部分继承人者，似可依民法第八百二十条第二项规定，由在台之继承人单独办理全体小孩之共有登记。

三、至合法继承人之有无不明，在台亲友无权利代理办理登记一节，除依民法一一七七条被选定为遗产管理人后，依同法第一一七九条第一项第二款规定得代理办理登记外似不能单纯以亲友资格代为登记。至其在台亲友仅欲代为管理其遗产，似可适用“民法债编”第一张第一节第三款，关于无因管理各条规定办理。

四、除依现行法上述规定办理外，目前似别无其它补救办法。”

---

① 李后政，《两岸民事关系条例与审判实务》，永然文化出版有限公司，1994 年，第 77 页。

② 此概念参见许文义，《论机关间权限分配与职权行使》，《月旦法学杂志》第六十六期，第 134 页以降；李惠宗，《权力分立与基本权保障》，韦伯文化事业出版社，1999 年 3 月，第 48 页；许辰舟，《国会调查权之研究》，务实法学基金会，《判解研究汇编》（二），自刊，1997 年，第 57 页。

③ 黄昭元，《两国论与台湾国家定位》，新学林出版股份有限公司，2000 年 5 月，第 14 至 16 页。

而“国库”得以利害关系人地位，声请法院指定遗产管理人管理遗产。[①] 对于在大陆地区确有继承人者，遗产管理人应依“非讼事件法”第七十九条第三项规定将遗产于清偿债权、交付遗赠物后提存之，俟大陆“光复”后，[②] 再依“民法”第一千一百七十八条及一千一百八十五条规定办理。

于本时期因依“民法”第一千一百七十八条所为之公示催告效力无法及于大陆地区，[③] 故单身亡故去台老兵之遗产系暂由遗产管理人保管（彼时不见得全由“退辅会”担任），[④] 遗款则存入台湾银行“国库”保管款专户（无息）。若遗有不动产者，依“行政院 1980 年 9 月 12 日台（六九）内字第一〇六五一号函”示，申请之继承人应于不动产登记时于继承系统表上注明“表列继承人如有遗漏或错误致他人受损害时，申请人愿负法律责任，并保证其它有权继承人主张继承权时，登记之继承人愿就其应继部分予以返还”；如有人就继承权提出异议，地政机关应依“土地登记规则”第四十九条第一项第三款规定驳回登记之申请。

---

① 参“法务部 1984 年 1 月 24 日法七三律字第九五二号函”：“按死亡人之遗产，无人继承，又无亲属在台，亦无利害关系人时，依司法院院字第一一〇七号及二二一三号解释，国库因其依民法第一千一百八十五条于将来遗产所属有期待权，具有同法第一千一百二十九条所称利害关系人之地位，可由中央银行国库局，或管辖被继承人住所地之地方行政机关，代表国库依非讼事件法第七十八条第一项规定，向管辖法院声请指定遗产管理人，在依同法第一千一百七十八条及第一千一百八十五条规定办理。”相较之下，在“退辅会”处理单身亡故去台老兵之情形，依“司法院五五台函民字第六五六九号函”：“本件参照国军退除役官兵死亡遗留物处理办法之规定，国军退除役官兵就业辅导委员会对于死亡退除役官兵之遗物有保管责任，似属民法上利害关系人，依非讼事件法第七十九条规定，得声请法院指定为死亡退除役官兵之遗产管理人。”参葛义才，《非讼事件法论》，1993 年，自刊，第 179 页。类似案件另请参台湾台中地方法院 1987 年继字第九〇五号裁定。

② 参“行政院 1983 年 12 月 17 日台七十二财字第二二五九三号函”：“……〇〇博爱院在台无亲属院民，亡故后其暂缴国库之遗产，请准援本院台（五三）忠伍字第六二九号令规定，于中央银行国库局以保管款立户，暂为存储，留待将来光复大陆后，再依法处理，并对以后类此案件，均援例办理一案，准予照办。”唯光复大陆究属条件或期限？容有争议，“最高法院 2001 年 3 月 20 日九十年第三次民事庭会议决议”就之即无定论，因而废止该“院六十二年台上字第一六一八号判例”。

③ 依前揭“法务部 1984 年函”：“民法第一千一百八十五条关于无人承认继承之遗产，于清偿债权，交付遗赠物后，如有剩余，归属国库之规定，系指户绝财产之无人承认继承遗产而言（行政院五十三年忠伍字第六二九号令释参照）。即非经第一千一百七十八条之规定，由法院为搜索继承人之公示催告期限届满后，不得为之。此观之第一千一百八十五条规定首句，亦明。如系只身来台无人继承之遗产，于大陆光复前，因公示催告之效力不能及于其在大陆之合法继承人，在客观上不能为公示催告，纵予以公示催告，在法律上仍不能发生催告之效果，为维护在大陆上合法继承人之权益，法院自不得依第一千一百七十八条之规定为搜索继承人之公示催告（台湾‘高等法院五十八年法律座谈会’结论参照）。”

④ 嗣“司法院 1985 年院台厅一字第〇五七八六号函定”纷止争，谓：“被继承人属退除役去台老兵身份者，依行政院国军退除役官兵死亡遗留物处理办法规定，应由国军退除役官兵辅导委员会办理，勿选任国有财产局为遗产管理人。”参葛义才，《非讼事件法论》，自刊，1993 年，第 180 页。

唯因两岸音讯阻隔，实务又无许公示催告，[①] 大陆地区继承人鲜有继承得者（遑论“俟大陆光复后”），只能说是冷战时期两岸人民的不幸。

第二项　开放探亲后至“两岸人民关系条例”施行前

1987 年台湾当局开放两岸人民往来后，单身亡故去台老兵大陆继承人申请继承案件纷至沓来。[②] 依中华人民共和国 1990 年 1 月 26 日《司法部关于涉台公证工作座谈会会议纪要》，[③] 该文推荐大陆继承人得以下述方式办理对台湾遗产的继承：

“一、委托在台湾的亲友。

二、委托与台湾律师有业务联系的大陆律师事务所，再通过大陆律师转委托台湾律师。

三、委托我（司法）部设在香港的中国法律服务（香港）有限公司，由该公司转委托台湾律师。

四、委托海峡两岸法律服务有限公司。该公司主要由香港律师黎锦文和台湾律师沙壬、陈符瑶、梁浩、林复宏、林辰彦等人组成。大陆继承人可将委托书寄给黎锦文律师。委托书一般应依照台湾通用的格式出具。

五、委托我（司法）部设在北京的中国国际经济与法律咨询（动产和不动产）公司，该公司与海峡两岸法律服务有限公司有相互委托关系，大陆继承人可将委托

---

① 依“行政院 1970 年 7 月 14 日五十九内字第六二九四号令”：“佥以台湾目前环境特殊，大陆未光复前，外省人民来台所遗财产于继承开始是否确无人继承，殊难判断，如依民法第一千一百七十七条、第一千一百七十八条，非讼事件法第七十七条至第七十九条规定程序处理后，无继承人承认继承时，其遗产于清偿债权、交付遗赠物后，如有剩余，归属国库亦有困难。本案已故〇〇〇于大陆沦陷后，只身来台，于大陆光复前，依民法第一千一百七十八条所为公示催告程序，效力不能及于其在大陆之合法继承人……于光复大陆后，再依民法第一千一百七十八条及第一千一百八十五条规定办理。”

② 但相对的，似乎少有台湾同胞继承大陆人民之案例，虽然司法部早在 1956 年 9 月 20 日下发给天津司法局及广州市人民委员会司法处“关于遗嘱、继承问题的综合批覆”首段即谓：“对逃往台湾的继承人是否剥夺继承权问题，我们认为依婚姻法第十四条之规定，父母子女有互相继承遗产的权利，该逃往台湾的继承人记系被继承人子女之一员，他对被继承人的遗产是有继承权的。”已明文保障台湾继承人之继承权。继而，最高人民法院于 1954 年 7 月 30 日“关于在台湾的合法继承人其继承权应否受到保护问题的批覆”亦加以肯认。此际《中华人民共和国民法通则》第八章“涉外民事关系的法律适用”尚无得适用，为因中共始终坚持一中原则，认为台湾非外国，仍适用《中华人民共和国婚姻法》第十四条之规定。同样地，台湾实务上向认为大陆由属台湾领域，应受台湾地区法律规范，大陆现在虽因事实上之障碍为台湾当局管辖所不及，但在大陆犯罪，仍应受台湾地区法律之处罚，即明示大陆犹属当局管辖领域，并未对其放弃主权（“最高法院 89 年度台非字第 94 号、90 年度台上字第 705 号、90 年度台上字第 2282 号、97 年度台上字第 6412 号等判决”参照）。

③ 该座谈会系中华人民共和国司法部公证司 1989 年 12 月 25 日至 29 日在湖南省岳阳市所召开。参李永然、陈庆洪合著，《中共处理涉台事务法律要点》，永然文化出版有限公司，1993 年，第 133 页；田书墨，《谈谈大陆的公证制度——兼谈〈两岸公证书使用查证协议〉的有关问题》，《共党问题研究》第十九卷第十期，第 22 页。

书寄给中国国际经济与法律咨询公司。”

在实务上，最常见到者系第一类者，包括在台同乡会会员、台湾律师、[①]邻居及掮客。[②]在财团法人海峡交流基金会（以下简称海基会）于1994年3月9日正式对外服务后，该委托书等大陆公证机关出具之公证书，须经海基会认证，始得推定真正。[③]

“退辅会”在本期间审查申请继承案件时，已毋庸“俟光复大陆”后始发还去台老兵遗产予大陆继承人，堪系一大进步。唯在审查大陆继承文书时常力有未逮，承办人员在未明真正下，常游走于图利罪之边缘，[④]一不小心就发错人，又对伪造大陆文书者无可奈何，彼时迭生赀议，甚至耳闻有承办人员图谋不法利益居间者。

另外在法院审理上，以身份认定之问题为多，均以适用现行“民事法”为依据，且视大陆人民在台权利与台湾地区人民相同。[⑤]兹以下列“两岸人民关系条例”施行前之数台湾实务判决举例说明：[⑥]

例一，台湾台北地方法院1988年度家诉字第九十八号判决：认大陆继承人请求确认被继承人自书遗嘱因未依法定方式而无效，依“民法”由渠等共同继承。

---

① 以台湾坊间某王姓律师为例，渠“承揽”多件申请继承案，甚至被《联合晚报》（1988年5月28日第三版）报导有勾串之嫌，详见台湾“高等法院八十八年度上易字第一六六五号判决”。“辅导会”对其案件审核均慎重为之，渠迭有不满，动辄兴讼，参“行政法院八十八年度裁字第一五五号判决”。另有一白姓律师亦承揽多件可疑申请案件，“法务部调查局”曾以“（八九）廉二字第八九〇四二四七〇号函”函请该“局”中部地区机动工作组调查。可知僭称继承人问题之严重。

② 常有不肖代理人在获知去台老兵亡故后，迅速寻找与去台老兵同省籍之大陆人头，取得亲属关系及委托公证书，并获海基会验证，以申请继承遗产，参《荣光周刊》第一八一五期，第二版。大陆方面并非不闻不问，海协会即于2001年1月2日函告“退辅会”，“台湾公民范〇〇……从台湾拿到亡故者人员户籍资料、死亡证明书回大陆，在找不到继承人情况下，让大陆人民代替继承人冒名领取遗产、余额退伍补助金。范〇〇领款后不发给继承人，以假继承人名义威胁侵吞全部遗产。请接信后限制委托范〇〇文件进行验证，不予验证”。参“退辅会（2001）辅壹字第〇〇八七七号函”。此状况早期较为严重，某些代理人伪造比例甚高，参古锦祥，《如何维护在台单身亡故去台老兵之大陆亲属权益》，“退辅会1998年度研究年报”，第3页。就此“退辅会”于1992年3月18日（1992）“辅壹字第〇四八四八号函”曾周知各所属机构：“如发现伪造文书图谋去台老兵遗产者，各经办单位应主动依法诉请司法单位侦办，以维护亡故去台老兵身后权益。”洵为适举。

③ “最高法院八十年台上字第九三三号判决”。该判决影响嗣后之实务见解；之前者则毋庸验证，参台湾“高等法院七十九年度上字第四六三号判决”。而海基会受委托行使认证等公权力之行政法理探讨，详见本节次项及次章第三节。

④ 即使在“两岸人民关系条例”施行后亦然，参见台湾“高等法院八十七年度上诉字第三八〇四号判决”。

⑤ 这种未予大陆人民“区别对待”（该概念参见“司法院大法官会议释字第485号解释”），认与台湾地区人民所享有之权利一致处理态度，除例示之外，亦反映早期的台湾台北地方法院1988年度家诉字第九十八号、1989年度诉字第七七八〇号等判决。

⑥ 以下判决除透过“司法院”网站搜寻外，另感谢台湾高等法院台中分院王耀贤先生费心搜寻提供。

例二，台湾台北地方法院 1989 年度诉字第七七八〇号判决：认大陆继承人仍为台湾公民，秉于公平原则及诚信原则（对大陆同胞，当局并未有歧视、刁难态度），自得本于继承身份适用台湾“民法”。且认大陆公证书虽不具公文书效力，仍具有私文书效力，“方合国策”。该判决最引人议论者系认该文书“我方于现阶段不宜出文函查，被告如认该文书非真正，自应负举证责任”，①法院未依一般举证责任分配原则令原告证明，竟令被告提反证为之，殊难想象。

例三，台湾台北地方法院 1990 年度家诉字第十号判决：认大陆继承人因欠缺台湾“民法”收养法定方式而未成立。本件亦以台湾“民法”为法律适用依据。

例四，台湾台北地方法院 1991 年度家简字第七号简易判决：谓“台湾地区与大陆地区人民关系条例仅在研议中，尚未三读通过，更未依法公布施行，要难认有法之拘束力，自仍应适用现行法中有关继承之法律规定”。

例五，台湾台北地方法院 1991 年度家诉字第四十二号判决：谓大陆继承人均有继承身份，依“民法”规定均分遗产。

例六，“最高法院八十年度台上字第一五七号判决”：亦谓大陆人民为“中华民国国民”，应适用台湾“民法”规定及诉讼程序。

例七，台湾板桥地方法院 1991 年诉字第三四五号判决：谓大陆公证书未经海基会或其他机构认证，不得推定为真正，尚难认亲属关系存在。②

从上述的实务判决，可知在“两岸人民关系条例”实施前，台湾地区各级法院见解未臻一致，在事实认定及法律适用上各行其是，直至“两岸人民关系条例”后始步上轨道。

第三项 “两岸人民关系条例”施行后

“两岸人民关系条例”作为两岸人民往来关系的“基本法”，当初在制定时，主要经历了如下阶段，③才水到渠成：

(1)“立法”需求的产生：1987 年 11 月，台湾当局开放民众赴大陆探亲，引发民事、刑事、行政方面的诸多问题，急需法律进行调整；同时，与大陆的扩大接触也产生了台湾的“安全理由”，同样需要法律予以保障。

---

① 林明德，《我现行司法实务对大陆人民法律案件判决之研究及检讨》，海基会出版，1993 年 5 月，第 8 页。

② 彼时海基会已正式对外为认证服务后，对大陆人民在台民事诉讼举证责任似渐趋严格。论述亦参见第三章第三节。

③ 田飞龙：《两岸人民关系条例的历史考察与修改展望》，“法治政府网”，http://big5.china.com.cn/gate/big5/law.china.cn/features/2013-03/22/content_5821861.htm，浏览日期：2014-02-22。

（2）“立法委员”的提案：1988 年初，台湾地区“立法委员”赵少康等人积极推动两岸关系“立法”，并提出了自拟草案，对政界与台湾社会形成较大影响。

（3）“法务部”的正式草案：1989 年 2 月，在吸纳“立法委员”提案与社会民意的基础上，台湾地区“法务部”首次公布“台湾地区与大陆地区人民关系暂行条例草案”。

（4）“宪法”基础的具备：1991 年 4 月，“国民大会临时会议”通过“中华民国宪法增修条文”，规定“自由地区与大陆地区人民权利义务关系及其它事务之处理，得以法律为特别之规定”。由此，“两岸人民关系条例”获得了“宪法”基础。

（5）“立法院”的通过：“法务部”草案经“立法院”四个会期十八次会议长达三年的审议，终于在 1992 年 7 月 16 日三读通过，7 月 31 日公布，9 月 18 日正式实施。

“两岸人民关系条例”于 1992 年公布全文共 96 条，其第一条开宗明义规定“国家统一前，为确保台湾地区安全与民众福祉，规范台湾地区与大陆地区人民之往来，并处理衍生之法律事件，特制定本条例。本条例未规定者，适用其它有关法令之规定”。全文涉及两岸交流的各种面向。迄至 2013 年底，已历修订十余次，其时间点、修正条文及修正理由分如下述：

（一）1993 年 2 月 3 日“总统（82）华总（一）义字第 0450 号令”修正公布第 18 条条文，其理由为：

规定进入台湾地区之大陆人民，治安机关得强制其出境之事由，且明定得不待“司法”程序之开始或终结，依职权径行为之，以求迅速有效。

经许可入境已逾停留期限或有事实足认为有危害“国家”安全或社会安定之虞者，为有效执行入境许可期限及维护“国家”安全、社会安定，自得强制其出境（第一项第二款、第四款）。

未经许可入境者，本应依“动员戡乱时期国家安全法”第六条第一项之规定处罚，已进入台湾地区者，无论曾否获经许可，如有其他犯罪行为，亦应依有关法律追诉、审判、执行，唯如均须经侦查、审判及执行程序后，方得强制其出境，则在侦查、审判过程中，势须限制其出境，岂非正遂其在台湾地区居留之目的，且徒增侦查、审判及执行机关之负荷。亦难免影响“国家”安全与社会安定，爰规定有第一项第一款或第三款之情形者，即得不待“司法”程序之开始、终结，径行强制其出境。

该条第二项规定于“两岸人民关系条例”施行前进入台湾地区之大陆人民，有同条第一项所列情形之一者，亦得限制其出境，以贯彻前述立法意旨。

（二）1994年9月16日“总统（83）华总（一）义字第5545号令”及1995年7月19日“总统（84）华总（一）义字第5116号令”修正公布第66条条文，理由略以：

大陆地区人民固享有“民法”上之继承权，唯如继承状态久悬不决，必将影响台湾地区经济秩序之稳定及共同继承人权益，爰为本条第一项之规定，俾使继承之法律关系早日确定。

为确认继承人身份及其有无继承意思，爰规定大陆地区之继承人如未于继承开始起或本条例施行之日起二年内经许可进入台湾地区，并以书面向被继承人住所地之法院为继承之表示，视为抛弃其继承权，俾贯彻前述立法意旨。

（三）1996年7月30日“总统（85）华总（一）义字第8500190160令”修正公布第68条条文，理由略以：

现役军人或退除役官兵在台湾地区死亡而无继承人或继承人之有无不明者，依“民法”第一千一百七十条及第一千一百七十八条第二项之规定，固得由亲属会议于一个月内选定遗产管理人，无亲属会议或亲属会议未于一个月内选定遗产管理人者，则得由利害关系人或检察官，声请法院选任遗产管理人。而依“非讼事件法”第七十九条第一项之规定，继承人因故不能管理遗产，被继承人亦无遗嘱指定遗产管理人者，固亦得由利害关系人声请法院选任遗产管理人，唯上开程序既复杂又耗时，无法因应亟待处理丧葬及遗物之迫切需要，且现役军人或退除役官兵死亡而无继承人、继承人之有无不明或继承人因故不能管理遗产者，目前均依国军阵（死）亡官兵遗骸安葬暨遗物处理办法或国军退除役官兵死亡暨遗留财物处理办法之规定，分由“联合勤务总司令部”留守业务署或“行政院国军退除役官兵辅导委员会”等机关管理其遗产，爰维持现制，规定由主管机关管理其遗产。

同条第二项规定在本条例施行前，第一项之遗产，已由主管机关处理者，不再处理。

同条第三项规定第一项遗产管理办法由“国防部”及“行政院国军退除役官兵辅导委员会”分别拟订，报请“行政院”核定发布。

（四）1997年5月14日“总统（86）华总（一）义字第8600109250号令”修正公布第5、10、11、15-18、20、27、32、35、67、74、79、80、83、85、86、88、96条条文；并增订第26-1、28-1、67-1、75-1、95-1条条文，重点略以：

第5条：明定依前条规定设立或指定之机构或委托之民间团体，非经主管机关许可，不得与大陆地区法人、团体或其他机构订定任何形式上协议。并规定所定订之协议，非经主管机关核准不生效力。

第10条：大陆地区人民亦为“中华民国人民”，其虽有进入台湾地区或在台湾地区停留、工作或居住之自由，唯为顾及台湾地区之人口压力，并为维护“国家”安全及社会安定，实有加以限制之必要，爰于本条第一项明定大陆地区人民非经主管机关许可，不得进入台湾地区或在台湾地区停留、工作或定居。

第20条：对于非法入境或在台湾受雇工作之大陆人民，因执行强制出境所需之费用，自应由使其非法入境或雇用工作之台湾地区人民负担，而非“国库”负担(及全民负担)。

第35条：台湾地区人民、法人、团体或其他机构，在大陆地区从事投资或技术合作，或与大陆地区人民、法人、团体或其他机构从事贸易或其它商业行为，易落入“中共统战”之圈套，影响台湾地区经济之稳定，造成社会不安，危害“国家”安全，自应禁止，以杜其弊。但若台湾地区人民、法人、团体或其他机构经由该外地区及该地区之公司、事业对大陆地区之人民、法人、团体或其他机构从事输出入货品、劳务或其他商业行为或经由其在国外之公司、事业在大陆地区从事投资或技术合作，或对于大陆地区人民、法人、团体或其他机构在国外之公司、事业从事投资或技术合作而不影响“国家”安全及经济发展者，自无禁止之必要，爰于第一项但书规定，得经由“经济部”许可之。

第67条：为避免台湾地区资金大量流入大陆地区，危及“国家”安全与社会安定，爰于第一项规定大陆地区人民依法律继承在台湾地区之遗产，其所得总额每人不得逾新台币二百万元。超过部分，归属台湾地区同为继承之人；台湾地区无同为继承之人者，归属台湾地区后顺序之继承人；台湾地区无继承人者，归属“国库”。

第74条：两岸地区之民事诉讼制度及商务仲裁体制有异，为维护法律制度，并兼顾当事人权益，爰规定因争议而在大陆地区做成之民事确定裁判或仲裁判断，须不违背台湾地区公共秩序或善良风俗，始得声请法院裁定认可。又经声请法院裁定认可之裁判或判断，若系以给付为内容者，为实现其给付，并明定得为执行名义。

（五）2000年12月20日“总统（89）华总（一）义字第8900301110号令”修正公布第2、16、21条条文；并增订第17-1条条文，重点略以：

第16条：大陆人民在台湾定居者，除本规定第十三条之限制外，其权利义务应与台湾人民相同，为防止统战活动，维护社会安定，大陆人民需与台湾人民有极紧密之关系者，始能申请来台定居。

第 21 条：大陆地区人民长期处于中共控制之下，久未习惯民主政治生活，宜予相当期间之适应，爰于第一项规定大陆地区人民经许可进入台湾地区者，非在台湾地区设有户籍满十年，不得登记为公职候选人，担任军公教或公营事业机关（构）人员及组织政党。唯法令另有规定者，必有其特定目的，自应从其规定，爰设但书以资肆应。

（六）2002 年 4 月 24 日"总统（91）华总（一）义字第 09100075590 号令"修正公布第 24、35、69 条条文，重点略以：

第 24 条：台湾地区纳税义务人如有大陆地区来源所得时，为使其纳税义务明确起见，爰于第一项规定课征之方式，俾有所依循。

第 35 条：台湾地区人民、法人、团体或其他机构，在大陆地区从事投资或技术合作，或与大陆地区人民、法人、团体或其他机构从事贸易或其他商业行为，易"落入中共统战之圈套"，影响台湾地区经济之稳定，造成社会不安，危害"国家"安全，自应禁止，以杜其弊。但若台湾地区人民、法人、团体或其他机构经由该外地区及该地区之公司、事业对大陆地区之人民、法人、团体或其他机构从事输出入货品、劳务或其他商业行为或经由其在国外之公司、事业在大陆地区从事投资或技术合作，或对于大陆地区人民、法人、团体或其他机构在国外之公司、事业从事投资或技术合作而不影响"国家"安全及经济发展者，自无禁止之必要，爰于第一项但书规定，得经由"经济部"许可之。

第 69 条：由原来大陆地区人民不得在台湾地区取得、设定或移转不动产物权之完全禁止规定，调整成为开放许可制度。此外，其第二项并授权主管机关拟定许可办法。

（七）2003 年 10 月 29 日"总统华总（一）义字第 09200199770 号令"修正公布全文 96 条；同年 12 月 29 日"行政院院台秘字第 0920069517 号令"发布第 1、3、6~8、12、16、18、21、22-1、24、28-1、31、34、41~62、64、66、67、71、74、75、75-1、76~79、84、85、87~89、93、95 条，定自 2003 年 12 月 31 日施行；其余修正条文，定自 2004 年 3 月 1 日施行。重点略以：

第 12 条：依"劳工保险条例"第六十八条及第六十九条规定意旨以观，办理劳工保险所需之经费及其亏损，系由"劳工保险条例"实施地区人民所缴纳之税捐支应。目前因大陆地区并非"劳工保险条例"实施地区，且"劳工保险条例"实施地区以外之医疗等费用，殊难订其标准，爰设本条规定。

第 18 条：规定进入台湾地区之大陆地区人民，治安机关得强制其出境之事由，且明定得不待司法程序之开始或终结，依职权径行为之，以求迅速有效。

第 24 条：台湾地区纳税义务人如有大陆地区来源所得时，为使其纳税义务明确起见，爰于第一项规定课征之方式，俾有所依循。

第 31 条：大陆民用航空器未经许可进入台北飞航情报区限制进入之区域，执行空防任务机关得警告飞离或采必要之防卫处置。

第 34 条：由于大陆地区物品、劳务等之价格低廉，对台湾地区之市场及厂商极具吸引力，唯当局现阶段对大陆贸易，系采取“民间”与“间接”方式，亦即“禁止直接贸易投资，适度规范间接贸易投资”原则，开放之幅度，取决于主、客观情势演变，以及中共对自由经济制度之回应，且目前因两岸间之贸易，仍充满极大之不确定性及风险，当局在政策上一向不鼓励，自亦毋须促进，故对大陆地区物品、劳务或其他事项之在台“广告”，应全面规范管理，以免误导民众产生两岸直接经贸交流之假象，爰设第一项规定，以为各主管机关管理之依据。

第 64 条：1949 年后，台湾地区人民与大陆地区人民，不能自由往来。夫妻因一方在台湾地区，一方在大陆地区，不能同居，其中不乏重婚而儿孙满堂者，若不限制撤销权之行使或不承认后婚之效力，不仅乖违人情，且易滋家庭纠纷，造成社会问题，爰规定于 1984 年 6 月 4 日“民法亲属编”修正生效前重婚者，利害关系人不得声请撤销；1984 年 6 月 5 日以后 1987 年 11 月 1 日当局开放探亲前重婚者，该后婚视为有效。

第 71 条：未经许可之大陆地区法人、团体或其他机构，依前条规定，原不得在台湾地区为法律行为，但若以该法人、团体或其他机构名义，与他人为法律行为者，为保护台湾地区人民免于遭受损害，爰参照“民法总则”施行法第十五条之体例，规定其行为人就该法律行为，应与该大陆地区法人、团体或其他机构，负连带责任。

第 75 条：在大陆地区或大陆船舰、航空器内犯罪者，均得依法追诉、处罚。但同一行为在大陆地区曾受处罚者，如再予执行，似嫌过苛，爰规定得免其刑之全部或一部之执行。

第 84 条：自开放台湾地区人民前往大陆地区探亲后，有不少旅行业者招揽台湾地区人民未经许可使之进入大陆地区，为杜绝此种事情继续发生，自有对此种行为加以处罚之必要，爰设第一项之规定。

第 85 条：为有效贯彻第三十条第一项所定外国船舶、民用航空器及其他运输工具不得直接航行于台湾地区与大陆地区港口、机场间，亦不得利用外国船舶、民用航空器及其他运输工具，经营第三地区航行于包括台湾地区与大陆地区港口、机场间之定期航线业务之规定，对于违反者，自有处罚之必要，爰于本条设行政罚规定，以期有效遏止。

（八）2006 年 7 月 19 日“总统华总（一）义字第 09500102611 号令”修正公布第 9 条条文，理由为：台湾地区一般人民进入大陆地区，采一般出境查验程序，并配合修正简化相关流程，以符合民众往来需求；规范公务员及具有涉及“国家”机密之特殊身份人员进入大陆地区之申请程序，及违反者之行政罚规定；另增订遇有重大突发事件，影响台湾地区重大利益或于两岸互动有重大危害情形者，明定得经“立法院”议决，由行政机关于必要时实行适当之管制，以因应情势变更需要。

2008 年 6 月 25 日“总统华总（一）义字第 09700110991 号令”修正公布第 38、92 条条文，理由为：大陆地区发行之币券，在台湾地区不得流通使用，爰规定禁止其进出台湾地区，以维持金融秩序之稳定。唯于进入时已自动申报者，为兼顾情理，准予携出，爰设但书规定；另增订“财政部”订定一定限额以下之大陆地区币券数额得进出入台湾地区，以及大陆地区币券进出入台湾地区之许可、管理，及违反者之行政罚规定。

（九）2009 年 7 月 1 日“总统华总（一）义字第 09800160091 号令”修正公布第 17、17-1、18、57、67 条条文；删除第 12 条条文。重点略以：在对于大陆地区人民强制出境及收容之相关规范，在正当法律程序及人身自由之制度性保障方面，容有进一步强化之必要。其中包括得强制大陆地区人民出境之法定事由、“内政部入出国及移民署”于强制其出境前应召开审查会，以及收容之要件；删除得令受收容人从事劳务之规定；另增订延长、废止收容之相关规定，并赋予受收容人对于收容之方法、程序及其他侵害利益情事之实时救济途径，又为使受强制出境、收容或延长收容处分之大陆地区人民充分了解其救济权益，并增订相关处分应制作书面，载明处分之理由及救济之方法。上开权益与当事人人身自由之基本权利关系甚巨，为符合公民与政治权利国际公约对人身自由保障之精神，爰予修正。

（十）2010 年 6 月 15 日“总统华总（一）义字第 09900150561 号令”增订公布第 29-1 条条文，理由系基于两岸运输之需要，于互惠原则下，相互减免应纳之营业税及所得税，而照党团协商条文通过该增订条文。

（十一）2010 年 9 月 1 日“总统华总（一）义字第 09900223401 号令”修正公布第 22 条条文；删除第 22-1 条条文，理由为：

第 22 条：大陆地区学制及其课程，与台湾地区迥异，爰规定经许可在台湾地区定居之大陆地区人民，其大陆地区接受教育之采认办法，由“教育部”拟订，报请“行政院”核定发布。

第22-1条：原条文业经2008年1月16日修正公布之“私立学校法”第八十六条纳入规范，爰配合予以删除。

（十二）2011年12月21日“总统华总（一）义字第10000283831号令”增订公布第80-1条条文，增订内容系就大陆船舶未经许可进入台湾地区限制或禁止水域，台湾主管机关扣留其船舶、物品者，得处该船舶所有人、营运人或船长、驾驶人相当之罚锾。

依“两岸人民关系条例修正草案”总说明“本条例之检讨修正，行政院一贯秉持主动因应两岸情势发展、审酌两岸交流需求之立场，适时进行，以配合相关政策之调整及解决交流衍生之问题”。论者以为，[①] 该条例之十余次修正，未尽能反映两岸情势变化，并有如下建议：

（一）修订规则已经非大修或小修的问题，因为二者都可能跟不上两岸形势变化，这样被形势甩在后面的尴尬问题仍然得不到根本性的解决。因此，应考虑将思考的视野挑高，不要受限在既有的“两岸人民关系条例”的逻辑框架。其关键须将条例转而制定为“两岸关系法”，一方面总结目前两岸关系发展的格局，另一方面则赋予两岸关系前瞻性的规范，以原则性及导引性的方式，做出相关规定。然后再依此规则，由相关“部会”各司其职，依两岸关系发展的现实作出相应的施行细则及规定。

（二）“两岸关系法”的制定，不只必须反映目前两岸制度化经贸关系已然建立的现实，还须为两岸未来制度化的文化及政治关系的建立，预设原则及前瞻性的规定，从而也为未来可能的两岸和平协议奠定适法的基础。

（三）“两岸关系法”的制定，当然必须符合台湾现行“宪法”的框架，并且在“不统、不武、不独”精神的前提下，一方面巩固“九二共识”，而另一方面则为建立一个立基于互相尊重和平等对待基础上的新的两岸共识，奠立法律导引的方向。

（四）“两岸关系法”的制定，必须超越台湾地区蓝绿政党轮替的影响，并且以促进两岸和平稳定的良性发展为标的。

综上可知，“两岸人民关系条例”不论是修正的次数及幅度，已渐渐赶不上环境及现实层面的需要。在法制上，条例系针对特殊性的目的来设计，在两岸关系走向一般化及常态化的趋势下，实有从条例的规范型态改立“一般法”的必要，此有

---

① 李英明，《应制定前瞻性两岸关系法》，http://www.npf.org.tw/post/1/11239，浏览日期：2014-02-23。

待台湾地区行政及“立法”部门共同携手，制定前瞻性的两岸关系法为宜。

“两岸人民关系条例”的制定，从好的观点来看，给予了大陆同胞制度性保障；但相对的，某些规定也为人诟病，认有违反基本人权之嫌，特别是平等权之保障，而有不当限制。例如该“条例”第六十九条规定：“大陆地区人民、法人、团体或其他机构，或其于第三地区投资之公司，非经主管机关许可，不得在台湾地区取得、设定或移转不动产物权。但土地法第十七条第一项所列各款土地，不得取得、设定负担或承租”，肯定说者即以公平角度主张，谓应着重两岸互惠主义，鉴于大陆土地公有，人民不得继承土地，是以亦应限制大陆人民继承台湾土地及其变卖价格，以防止同样之大陆人民不能取得大陆土地所有权却能取得台湾地区土地所有权之怪异现象。从处理继承案件之实际经验来看，土地系主要继承标的之一，限制土地继承亦能达至所谓“国家”安全之相同目的。①

虽说“宪法”上之平等原则并不要求绝对机械的平等，而容许有差别对待（参“大法官释字第 205、211 号解释”），随着分类标准的不同，②平等会有不同的形貌出现。③然而，该“条例”是否确已衡诸“事物之本质”(Natur der Sache，参见台湾“大法官会议释字 474 号”部分不同意见书)，而未恣意差别对待，容有争议。该“条例”第六十六至第六十八条作为“民法继承编”之特别规定，④应予优先适用，⑤本节除逐一介述外，尚兼论有合“宪”疑义者。

一、“两岸人民关系条例”第六十六条

该条原规定 (1992 年 7 月 31 日公布，同年 9 月 18 日施行之旧条文):“大陆地

---

① 参“陆委会”，《处理两岸法律案件之类型与经验》，自刊，1993 年，第 83 页。

② Ronald Dworkin 曾提出三种“平等观”，第一种为传统自由主义者所主张的平等观，认为所谓平等就是人民对于其私有财产等享有天赋的权利。第二种系以社会福祉为理论基础（如功利主义）的平等观，认为财产之使用与分配应增进整体社会福祉。德沃金自己主张第三种平等观，认为政府应以财货、机会与其他资源（而非社会整体福祉）来界定平等，使人民就财富和其他资源处于立足点之平等，渠称为“资源上平等”(Equality of Resources)，参见王文宇，《论德沃金的司法判决理论》，收于王文宇著，《民商法理论与经济分析》，元照出版公司，2000 年 5 月，第 246 页。唯其译名学界容未臻一致，有译为“德我肯”者，参谢世民，《论德我肯的资源平等观》，“中研院”，《人文及社会科学集刊》，1999 年 3 月，十一卷一期，第 123 页以下。

③ 参李惠宗，《宪法要义》，元照出版公司，2001 年 8 月，第 126 页；李惠宗，《从平等权拘束立法之原理论合理差别之基准》，台大法研所硕士论文，1988 年，第 13 页以下。此外，Gustav Radbruch 认为，在社会的法与国家观下，得对社会的有力者与无力者加以差别处理，以达抑强扶弱的政策。参林文雄，《赖特布鲁的政治哲学》，《台大法学论丛》第二卷第二期，1973 年 4 月，第 261 页。

④ “特别法”概念请参阅郑玉波，《法学绪论》，三民书局，1992 年，第 32 页；黄茂荣，《法学方法与现代民法》，自刊，1993 年，第 60 至 61 页。法制上之争议可参考苏永钦，《特别法怎么个特别法》，《司法周刊》第一〇二一期，第四版。

⑤ 立论可参考“司法院大法官会议释字第 497 号解释”。

区人民继承台湾地区人民之遗产，应于继承开始起二年内以书面向被继承人住所地之法院为继承之表示；逾期视为抛弃其继承权。继承在本条例施行前开始者，前项期间自本条例施行之日起算。”

现行规定将期间延长为：

“大陆地区人民继承台湾地区人民之遗产，应于继承开始起三年内以书面向被继承人住所地之法院为继承之表示；逾期视为抛弃其继承权。

大陆地区人民继承本条例施行前已由主管机关处理，且在台湾地区人民无继承人之现役军人或退除役官兵遗产者，前项继承表示之期间为四年。

继承在本条例施行前开始者，前二项期间自本条例施行之日起算。”

依“民法”第一千一百四十七及一千一百四十八条规定，继承人因被继承人死亡而当然继承，本毋庸为意思表示，[①]继承人得继承非专属于被继承人之财产上权利义务。[②]然鉴于“两岸乖隔”，为避免继承状态久悬，影响经济秩序，“两岸人民关系条例”第六十六条第一项爰规定有三年之期限，[③]逾期视为抛弃其继承权。[④]

这种从经济观点的考虑，除了在同“条例”第七十七条亦可见到外，1999年1月29日“司法院大法官会议释字第475号解释”也有同样观点，论者谓以政治

---

① 参见“司法院大法官会议释字第437号解释”首段。关于该解释请参余慕德，《继承回复请求权之界限》，务实法学基金会，《判解研究汇编》（三），自刊，1997年，第19、87页。

② 其概念请参见郭振恭，《论继承之标的》（一），《台湾本土法学杂志》第十六期，第161页。

③ 若大陆地区第一顺序继承人未依“法”于继承开始起三年内向法院表示继承即视为抛弃继承权，而该地区之第二顺序继承人，是否亦须逾三年始被视为抛弃继承权？“法务部”与“内政部”见解不一。前者于1996年5月20日以“法（八五）律决字第一二一零三号书函”释示谓：“台湾地区与大陆地区人民关系条例第六十六条第一项规定：‘大陆地区人民继承台湾地区人民之遗产，应于继承开始起三年内以书面向被继承人住所地之法院为继承之表示；逾期视为抛弃继承权。……’本件被继承人之第一顺序亲等较近之大陆地区继承人因未于继承开始起三年内，以书面向被继承人住所地之法院为继承之表示，视为均抛弃继承权，其因前顺序继承人抛弃而得继承之亲等较远之直系血亲卑亲属，如为大陆地区人民，似应自该视为抛弃之时起算三年内向被继承人住所地之法院为继承之表示”，“陆委会1996年6月17日(85)陆法字第八五07039号函”亦同斯旨。后者则以“内政部1998年3月18日台(87)内地字第八七03291号函”谓：“得为继承之大陆地区后顺序或亲等较远之亲属，如遇前顺序或亲等较近之大陆地区继承人逾三年未表示继承而视为抛弃其继承权者，因继承开始起已届满三年，即不得再为继承之表示。”（参台湾省政府公报1997年夏字第四期第七页）管见认为求法安定性，应以后说为是。

④ 依“法务部1993年12月24日法（八二）律字第二七一四七号函”：“其所定之期间为权利存续期间，期间经过未行使权利者，其权利归于消灭，法律关系即告确定，故为除斥期间；民法第一千一百四十六条有关继承回复请求权之规定，则以赋予法定继承人于继承权被侵害时，请求确认其资格及回复继承标的之权利为目的，其第二项所定之期间纵已届满，于对造未提出抗辩前，法定继承人仍得行使权利，故属消灭时效之性质（“最高法院二十九年上字第八六七号及五十三年台上字第一九二八号判例”参照）。二者之立法目的及所定期间之性质均不相同。自无特别规定与普通规定之竞合关系。从而，两岸人民关系条例第六十六条应非民法第一千一百四十六条之特别规定。”然仍系“民法”第一千一百七十四、一千一百七十九条之特别规定，参“财政部1995年3月10日台财产一第八四006028号函”。

或经济的因素，限制私法上的继承权，是否妥适？容有斟酌余地；[①]且住居于世界任何地区之继承人，基于亲属关系之继承权与生俱来，唯独住居于大陆地区之继承人，须于该期间内向台湾地区管辖法院书面表示继承，逾期即视为抛弃继承，实违平等原则。[②]一般人继承权受侵害，依“民法”第一千一百四十六条规定长期时效犹为十年，在大陆音讯不便，竟仅有三年期间，与继承回复请求权相较，轻重显然失衡。

此外，依“民法”第一千一百七十四条规定，抛弃继承系要式行为。今“两岸人民关系条例”以逾三年为继承表示即径视为抛弃继承，不必为任何要式行为，又为两岸人民差别待遇之添上一例，只能说是“立法”裁量了。[③]

二、“两岸人民关系条例”第六十七条

本条于1992年7月31日公布之原条文为：

“被继承人在台湾地区之遗产，由大陆地区人民依法继承者，其所得财产总额，每人不得逾新台币二百万元。超过部分，归属台湾地区同为继承之人；台湾地区无同为继承之人者，归属台湾地区后顺序之继承人；台湾地区无继承人者，归属国库。

前项遗产，在本条例施行前已依法归属国库者，不适用本条例之规定。其依法令以保管款专户暂为存储者，仍依本条例之规定办理。

遗嘱人以其在台湾地区之财产遗赠大陆地区人民、法人、团体或其他机构者，其总额不得逾新台币二百万元。

第一项遗产中，有为台湾地区继承人赖以居住之不动产者，大陆地区继承人不得继承之，其价额不计入遗产总额。

大陆地区人民依规定不能继承取得以不动产为标的之权利者，应将该权利折算为价额。”[④]

---

① 王泽鉴，《海峡两岸人民继承的若干问题》，载王泽鉴，《民法学说与判例研究》（七），自刊，1994年，第274页。

② 管国维，《限制剥夺大陆同胞遗产继承权不通不妥》，《联合报》1992年3月27日，第11版，转引自黄宗乐，《关于海峡两岸婚姻、收养及继承法律问题之研讨》，收录于《两岸法律论文集》，海基会出版，1994年，第135页。

③ 此概念首见于“司法院大法官会议释字第204号解释”，肆见于“释字228、246、468、477等号解释”。唯于“释字第442、445号解释”称为“立法机关自由形成之范围”，两者实同一意涵。关于该概念请参陈爱娥，《立法机关的社会政策形成自由与平等原则》，《台湾本土法学杂志》第十四期，第89至96页。至于是否有违立法裁量界限？请参次页论述。

④ 本项嗣已独立改为该“条例”第六十九条规定。

现行规定为：

“被继承人在台湾地区之遗产，由大陆地区人民依法继承者，其所得财产总额，每人不得逾新台币二百万元。超过部分，归属台湾地区同为继承之人；台湾地区无同为继承之人者，归属台湾地区后顺序之继承人；台湾地区无继承人者，归属国库。

前项遗产，在本条例施行前已依法归属国库者，不适用本条例之规定。其依法令以保管款专户暂为存储者，仍依本条例之规定办理。

遗嘱人以其在台湾地区之财产遗赠大陆地区人民、法人、团体或其他机构者，其总额不得逾新台币二百万元。

第一项遗产中，有以不动产为标的者，应将大陆地区继承人之继承权利折算为价额。但其为台湾地区继承人赖以居住之不动产者，大陆地区继承人不得继承之，于定大陆地区继承人应得部分时，其价额不计入遗产总额。

大陆地区人民为台湾地区人民配偶，其继承在台湾地区之遗产或受遗赠者，依下列规定办理：

一、不适用第一项及第三项总额不得逾新台币二百万元之限制规定。

二、其经许可长期居留者，得继承以不动产为标的之遗产，不适用前项有关继承权利应折算为价额之规定。但不动产为台湾地区继承人赖以居住者，不得继承之，于定大陆地区继承人应得部分时，其价额不计入遗产总额。

三、前款继承之不动产，如为土地法第十七条第一项各款所列土地，准用同条第二项但书规定办理。”

前条系时间的限制，本条则系继承金额之限制。“立法”之初迭有争论：或谓其违反“宪法”第七条人民法律上一律平等之原则及第十五条人民之财产权应予保障之规定，显然违“宪”，① 不能差别待遇；或谓遗产继承纯属人民之家务事，实无必要亦不应当设此限制，徒令大陆同胞反感，并腾笑中外；② 或谓对于外国人为继承人或受遗赠人时，都未设此项限制，③ 对于“同为中华民国人民之大陆同胞”，却设有此项限制，显违平等原则；或谓维持既存社会秩序，只应由台湾人民继承；或

① 丘宏达，《大陆人民的继承权问题》，《现代法律》第 101 期，1991 年 1 月号，第 29 页；蔡明钦，《台湾地区与大陆地区人民关系条例草案评估报告》，载《立法咨询中心法案评估报告》第二十三号，1991 年 11 月，第 3 页。转引自黄宗乐，《关于海峡两岸婚姻、收养及继承法律问题之研讨》，收录于《两岸法律论文集》，海基会出版，1994 年，第 135 页。

② 同前注，第 80 页。

③ “内政部 1967 年 11 月 4 日台内第字二四九七四五号函”即谓继承人之身份不因与被继承人国籍互异而受影响，唯需注意“土地法”第十七、十八条有关外国人取得土地权利限制之规定。

以避免台湾资金大量流失，影响安定之角度出发。①

唯学者黄宗乐氏则以为：②

（一）中华人民共和国始终未放弃使用武力，复对我肆行“统战”，外交上孤立我方，目前仍处敌对状态，倘就大陆人民继承或受遗赠在台财产上之总额未加限制，则台湾地区资金势必大量流入大陆，结果必然严重破坏台湾地区之经济秩序，危及“国家”安全及社会安定。且此项限制，正可表示当局维护台湾地区社会安定及民众福祉之决心，而有正面的意义。

（二）台湾地区经济繁荣，民生富足，绝非凭空得来，而是五十年来台湾地区人民携手合作、共同努力的成果。设立此项限制，使超过部分由台湾地区共同继承人或后顺序之继承人或全体人民均沾，乃直接肯定台湾地区继承人乃至人民的勤勉和贡献，具有鼓舞作用。尤其台湾法律不若大陆继承法承认贡献分制度，设此限制，更具有相当意义。

（三）每人继承额新台币二百万元之上限，对大陆人民而言，可谓相当优厚。自另一角度而言，台湾地区生活水平高，物价昂贵，台湾地区继承人亦应继承较多遗产，才可平衡。

（四）继承人为外国人之情形殊少，相较之下大陆继承人较多，影响远较重大，设上开限制，不仅必要，而且公平。

依“民法”第一千一百四十八条，继承人自继承开始时，“除本法另有规定外”，承受被继承人财产上之一切权利、义务。本条即为其所指之特别规定。在台湾地区，除非是依“民法”一千一百五十四限定继承或一千一百七十四条抛弃继承，否则在量上应承受“一切”财产上之权益！本条“立法”意旨既系为适当保障台湾地

① 详见“行政院大陆委员会”编印，《大陆政策问答手册》，自刊，1993年，第417页。学者李建良则就其基本人权采肯定说，参李建良，《大陆地区人民的人身自由权》，《台湾本土法学杂志》第十一期，第133页。

② 黄宗乐，《关于海峡两岸婚姻、收养及继承法律问题之研讨》，收录于《两岸法律论文集》，海基会出版，1994年，第135至136页。

区继承人之权益，[①]复已衡酌对岸经济及民情，以最高额设限容有可采。

三、“两岸人民关系条例”第六十七条之一

该条规定：

“前条第一项之遗产事件，其继承人全部为大陆地区人民者，除应适用第六十八条之情形者外，由继承人、利害关系人或检察官声请法院指定财政部国有财产局为遗产管理人，管理其遗产。

被继承人之遗产依法应登记者，遗产管理人应向该管登记机关登记。

第一项遗产管理办法，由财政部拟订，报请行政院核定后发布之。”

其第一项系弥补第六十八条之缺漏，明定由“国有财产局”为遗产管理人，管理非现役军人或去台老兵之遗产（现役军人或去台老兵之遗产管理人则见本“条例”第六十八条规定）。唯其并不在本文讨论之范围。

而该条第二项明确规范了遗产管理人之部分职务。本来依“民法”第一千一百七十九条第一项第二款之规定，遗产管理人应为保存遗产必要之处置，[②]其自包含依法应登记者，[③]毋庸另行规定。唯实务上，遗产管理人常因能力或经验不足，[④]致

① 至于大陆人民继承大陆人民在台湾地区不动产，是否有“台湾地区与大陆地区人民关系条例”第六十六条及第六十七条规定之适用？依“行政院大陆委员会”1997年1月15日“(八六)陆法字第一七三零一号函”见解：“查两岸条例第六十条规定：‘被继承人为大陆地区人民者，关于继承，依该地区之规定。但在台湾地区之遗产，适用台湾地区之法律。’大陆地区继承人在台湾地区之遗产，依上开但书规定，自应适用台湾地区之法律，按两岸条例第六十六条除斥期间之规定，虽明定以继承台湾地区人民之遗产者为适用对象，但如有台湾地区人民与大陆地区人民共同继承时，因该条例第六十六条规定之立法意旨，乃在避免继承状态之久悬不决，而影响台湾地区经济秩序之稳定及共同继承人权益，故可类推适用两岸条例第六十六条之规定；惟大陆地区继承人在台湾地区之遗产，仅有大陆地区人民继承时，即不适用两岸条例第六十六条之规定。至于两岸条例第六十七条第一项规定：‘被继承人在台湾地区之遗产，由大陆地区人民依法继承者’，并未区分被继承人之身份，仅以大陆地区人民继承台湾地区之遗产为要件，是以，大陆地区人民继承大陆地区人民在台湾地区之遗产，仍有该条规定之适用。”系采肯定说。唯在适用上，仍应受该条例第六十九条“大陆地区人民、法人、团体或其它机构，或其于第三地区投资之公司，非经主管机关许可，不得在台湾地区取得、设定或移转不动产物权。但土地法第十七条第一项所列各款土地，不得取得、设定负担或承租。前项申请人资格、许可条件及用途、申请程序、申报事项、应备文件、审核方式、未依许可用途使用之处理及其它应遵行事项之办法，由主管机关拟订，报请行政院核定之”之限制。

② 系指不变更物或权利性质之保存、改良及利用等行为，原则上不包括处分行为。参戴炎辉、戴东雄合著，《中国继承法》，自刊，1992年，第221页；陈棋炎、黄宗乐、郭振恭合著，《民法继承新论》，三民书局，1993年，第283页。唯在“退辅会”处理上，就不动产部分，以变卖为原则，参“行政院国军退除役官兵死亡善后处理及无人继承遗产管理作业程序”第肆章第一节（十一）2之规定。详参本章第三节第二、三项。

③ 在“退辅会”处理上，就不动产部分，包含变更管理人登记，参“行政院国军退除役官兵死亡善后处理及无人继承遗产管理作业程序”第肆章第一节（十一）1之规定。

④ 参“行政院国军退除役官兵辅导委员会对善后处理暨遗产管理缺失检讨报告”，第14页，2000年12月27日。

管理行为上挂一漏万，为求慎重，爰明确规定之。

四、“两岸人民关系条例”第六十八条

该条原规定：

“现役军人或退除役官兵死亡而无继承人、继承人之有无不明或继承人因故不能管理遗产者，由主管机关管理其遗产。

前项遗产事件，在本条例施行前，已由主管机关处理者，依其处理。

第一项遗产管理办法，由国防部及行政院国军退除役官兵辅导委员会分别拟订，报请行政院核定后发布之。”

现行规定为：

“现役军人或退除役官兵死亡而无继承人、继承人之有无不明或继承人因故不能管理遗产者，由主管机关管理其遗产。

前项遗产事件，在本条例施行前，已由主管机关处理者，依其处理。

第一项遗产管理办法，由国防部及行政院国军退除役官兵辅导委员会分别拟订，报请行政院核定后发布之。

本条例修正施行前，大陆地区人民未于第六十六条所定期限内完成继承之第一项及第二项遗产，由主管机关径行捐助设置财团法人荣民荣眷基金会，办理下列业务，不受前条第一项归属国库规定之限制：

一、亡故现役军人或退除役官兵在大陆地区继承人申请遗产之核发事项。

二、去台老兵重大灾害救助事项。

三、清寒去台老兵子女教育奖助学金及教育补助事项。

四、其他有关去台老兵、荣眷福利及服务事项。

依前项第一款申请遗产核发者，以其亡故现役军人或退除役官兵遗产，已纳入财团法人荣民荣眷基金会者为限。

财团法人荣民荣眷基金会章程，由行政院国军退除役官兵辅导委员会拟订，报请行政院核定之。”

本文之焦点端系于此，明定出“退辅会”之权限。关于其行政程序则请详见下节。

鉴于在“两岸人民关系条例”施行前，尚有为数众多大陆人民未于同“条例”第六十六条所定期限内完成继承之第一项及第二项遗产，“立法”者为求解套，秉于公益考虑，爰加以修正，以委任“立法”之方式授权“退辅会”设置“财团法人荣民荣眷基金会”，[①] 办理嘉惠去台老兵荣眷之各类业务。[②]

该基金会在性质上，依德国法制，系属“公法财团”(Stiftungen des oeffentlichen Rechts)，乃国家或其他公法社团，为达成特定之公共目的，以公法之财产捐助行为所设立，具有权利能力之公法上财团法人。[③] 该基金会既系由“退辅会”及“国防部”缴交“国库”之财产捐助设置，目的在给付行政，性质自为公法财团。

在前揭法源下，该基金会依“财团法人荣民荣眷基金会捐助暨组织章程”第七、十三条规定，遴聘（派）董、监事各十三及五人。[④] 其中董事五人、监察人二人系去台老兵身份代表。“退辅会”透过各“荣民”服务机关采取公开、公平方式联署再票选产生适任人选据以遴聘。[⑤]

本条除有列前开基金会之法源依据外，另在第三项授权主管机关拟订遗产管理

① 参台湾“高等法院八五家抗字第一一一号裁定”。依学者见解，委任“立法”原因系：一、现代社会经济、政治、科学技术及文化教育等方面快速发展，“立法”趋势愈趋专门，一般议会无法胜任，不得不委托行政机关制定切合实际之规章或细则。二、由于现代国家政府部门职能不断扩大，其内容又常处于动荡不定情况，议会立法只能为原则性或一般性规定，详细施行细则，唯授权行政机关自行订定。三、由于议会受时间、会期、审定等条件之不便，更不允许议会对某一法律作长期争论或辩解，因而不得不授权行政机关自行处理。例如法国宪法第三十四条：“一切法律，皆由议会通过。”唯依同法第三十八条复规定：“政府未实施其政纲起见，得要求议会授权它在一定期限内已法令对于通常属于法律范围之事项采取措施。”复参德国基本法第八十条第一项：“联邦政府、联邦部长或各邦政府得依据法律授权颁布命令。此命令之内容、目的及范围，须有法律基础。若法律规定将某项权力继续委托他人，委托时须某一法令规定”。请参储有德、唐淑合著，《各国法律之比较与作用》，永然文化出版股份有限公司，1993 年，第 184 页；许宗力，《宪法与法治国行政》，元照出版公司，1999 年，第 223 至 238 页。

② 给付行政在“国”内动辄顶着“依法行政”的大帽子下，常被误解为“无法律即无行政”，行政机关也多未了解自我的行政空间，任凭行政权的逐渐萎缩（从“司法院大法官会议释字 520 号解释”可知)。按在规范密度上（参“司法院大法官会议释字第 443 号解释”理由书），给付行政在层级化之保留体系（System des abgestuften Vorbehalts）上不若干涉行政应严格采取法律保留方式为之。参吴庚，《行政法之理论与实用》，增订十版，自刊，2008 年，第 20 页。

③ 台湾学说虽多有肯定（参翁岳生编，《行政法 2000》，自刊，2000 年，第 306 页；陈敏，《行政法总论》，自刊，1999 年，第 868 页），唯实务及通说似否定台湾目前存有公法财团，均认依民法规定系私法人。海基会的性质在归类上亦同前述，参陈敏，《行政法总论》，自刊，1999 年，第 867 页。国家虽得以私法组织从事给付行政之行为，唯从实质及功能意义上理解，并参照“司法院大法官会议释字 269 号解释”，“财团法人荣民荣眷基金会”应属行政机关，所为符合“国家赔偿法”上公务员行使公权力之行为。“最高法院八十年台上字第五二五号判决”亦同斯旨。

④ 《问题与说明》，“退辅会”印行，2000 年 8 月，第 56 页。

⑤ 最近的一次请参见《中央日报》2001 年 3 月 7 日第一版广告该基金会公告。

办法，报请“行政院”核定后发布之。[①]就“退辅会”而言，其据此订颁“退除役官兵死亡无人继承遗产管理办法”（参见附录一）。

本来依该条授权，“退辅会”据以制定完善之遗产管理办法，照理说这样也就够了。未料“退辅会”在该规定第十一条留个尾巴，再授权给自己订立“行政院国军退除役官兵死亡善后处理及无人继承遗产管理作业程序”，上下都是“退辅会”，复未就授权之目的、内容及范围具体明确规定，“授权明确性原则”伊于胡底，[②]更别说其中已影响人民权益，增加不必要之义务者。[③]

从行政法学看，该作业程序之母法为“退除役官兵死亡无人继承遗产管理办法”第十一条，该办法之母“法”系“两岸人民关系条例”第六十八条第三项，该“条例”之母“法”系“宪法”增修条文第十一条，这种上溯至曾祖母法，授权再授权的庞大家族现象，在台湾“立法”上并不少见。该授权命令又似夹带有未在授权范畴之“退辅会”职权命令，是否符“大法官释字第367、443、479等号解释”应具授权明确性或内容仅限细节性、技术性等事项，而未损及当事人权益？颇有讨论空间。

“司法院大法官会议释字第524号解释”即就此种情形明示并加以厘清：“若法律授权以命令为补充规定者，其授权应具体明确，且须为当事人所能预见。又法律授权主管机关依一定程序订定法规命令以补充法律规定不足者，该机关即应予以遵守，不得舍法规命令不用，而发布规范行政体系内部事项之行政规则为之替代。倘法律并无转委任之授权，该机关即不得委由其所属机关径行发布相关规章。”学者吴庚认为，[④]应采取严格主义（Rigourism）之精神，固对于便宜行事的行政权运作有所阻碍，然贯彻依“法”行政原则乃“大法官”作为“宪法”守护者（Der Hüter

---

① 依“台湾地方制度法”第二条之规定，核定系指上级政府或主管机关，对于下级政府或机关所陈报之事项，加以审查，并做成决定，以完成该事项之法定效力。在核定前，笔者认为应属效力未定；于核定后，该法律行为确定有效。其性质应属事后同意（Genehmingung），而非事后追认（Bestaetigung）。此概念请参施启扬，《民法总则》，自刊，1987年，第324页。唯在行政处分上，通说认成立时即生效；唯蔡志方教授有不同见解，认应区分成立及生效两阶段。参蔡志方，《行政处分》，收录于翁岳生编，《行政法2000》（上），自刊，2000年，第579页。

② 历届“大法官”会议有多号解释论述：“释字313、322、324、327、336、345、346、358、366、367、373、384、390、394、395、402、404、409、428、436、438、442、443、444、445、454、456、462、471、474、476、491、493、497、510、511、514、522、524及680等号解释。”

③ 如该会于1999年5月11日以“（八八）辅壹字第〇七九六四号令”公布修正“退除役官兵死亡无人继承遗产管理办法”第七条条文，谓避免“肇致遗产管理人困扰”，于单身去台老兵遗产继承期限（三年）届满，始移交遗产予大陆继承人（之在台代理人）。该会并于“（八九）辅壹字第〇一五九〇号函释”再次强调，已增加法无必要之限制。

④ 参吴庚，《行政法之理论与实用》第十版，自刊，2008年9月，第296页。

der Verfassung）无可规避之职责。“退辅会”在无转委任授权情形，径订定“行政院国军退除役官兵死亡善后处理及无人继承遗产管理作业程序”，显违该号解释意旨，管见认为应检讨改进，仿该号解释于两年内加以修正为宜。

唯“退辅会”于2001年8月27日（2001）“辅壹字第一三二九二号函”就此显然影响人民继承权益者，竟认系“行政程序法”第一百五十九条之行政规则，而非直接对外发生法规范效力。笔者除依前述“大法官会议解释”就之难以苟同外，并认为，纵退万步言，依该作业程序壹、三目的，得认系属“行政程序法”第一百五十九条之行政规则。然其系已不只是“大法官释字第505号解释”所称之“解释性行政规则”，应进一步认系德国行政法学所称之“规范具体化之行政规则”（Normkonkrtisierende Verwaltungsvorschriften），其系由公行政根据法律授权，以规章方式填补法律或法规命令中不确定法律概念或空白构成要件。唯在台湾“立法”例，几无有授权制定行政规则之明文，至多认系“行政程序法”第一百五十条规定之法规命令。[①]是以从保护当事人权益之观点，管见认为仍应依前述“释字第524号解释”所示为洽，亦较能保护人民权益。

第三节　“退辅会”任遗产管理人职务之行使

第一项　遗产管理人之产生

在外国立法例上，遗产管理人之选任有以下数例：[②]（1）由主管官署管理（瑞士民法第五百五十五条）。（2）除由法院于必要时先予保全处分外，得由法院选任遗产保护人；如有权利人声请，须选任遗产保护人（德国民法一千九百六十、一千九百六十一条）。（3）依利害关系人或检察官之声请，由法院选任管理人（法国民法第八百十二条、日本民法第九百五十二条）。

台湾远在《大清民律草案》继承法九十六条即规定，继承开始时，无继承人或

① 参见陈敏，《行政法总论》，自刊，1999年，第498页。进一步可参考陈春生，《行政法学上之风险决定与行政规则——以规范具体化行政规则为中心》，《台湾本土法学杂志》第五期，1988年12月，第79至85页；陈慈阳，《论规范具体化之行政规则在环境法中的外部效力》，《台湾本土法学杂志》第五期，1999年12月，第86至89页。

② 参戴炎辉、戴东雄合著，《中国继承法》，自刊，1992年，第218页；张琼文，《无人承认继承遗产之研究》，东海大学法研所硕士论文，第29页，1999年6月。

第九条之承受人出面承认，不能明其有无者，其继承财产作为法人，由亲属会议[①]选定管理人管理遗产。[②]再依同法第一百零一规定，在搜索继承人之公告期间内如有继承人或承受人出面承认，其法人视为未经成立，管理人视为继承人或承受人之代理人。[③]由草案内容可知，其受日本明治民法影响，采法人主义。而其拟制之情形，有下述三种：

1. 无人承认继承时，先拟制继承财产为法人。

2. 有继承人或承受人出面承认时，拟制法人未经成立。

3. 管理人于继承人或承受人承认前之行为，拟制为继承人或承受人之代理人，代理人之权限于承认时消灭。

虽该模式嗣于民国十五年《民律草案继承编》及民国十七年《继承草案》所承袭，唯1930年制定（施行至今）“民法继承编”扬弃之，以由亲属会议“选定”（“民法”第一千一百七十七条规定）为原则，无亲属会议或亲属会议未于一个月内选定遗产管理人者，利害关系人或检察官，得声请法院“选任”遗产管理人（“民法”第一千一百七十八条第二项规定）。[④]

实务曾有死因赠与之受赠人，受遗赠人是否系利害关系人之疑虑？前者依台湾“法务部1985年10月9日（七四）律字第一二四〇五号函”：“凡因赠与人死亡而生效力之赠与，谓之死因赠与，我民法并无规定。解释上于性质许可之范围内，得准用有关遗赠之规定。本案死因赠与人张〇〇死亡时，依其有关证明文件，虽可确定其无继承人，而非继承人有无不明之无人承认继承，惟依司法院1933年之院字第八九八号解释（三）‘无法定继承人亦无指定继承人之遗产，应适用无人承认继

① 古罗马时期已有亲属会议，目的在防止亲权之滥用；旧日耳曼法氏族团体之“上级监护”，可说是亲属会议之起源。台湾古代亦有类似亲属会议之制度，例如族燕、亲族会等组织，参高凤仙，《亲属法——理论与实务》，五南图书出版公司，1998年，第55页。在“退辅会”任法定遗产管理人之情形，自无所谓召开亲属会议。

② 此条规定系仿日本明治民法第一千零五十一条规定而设，参林秀雄，《民法亲属继承争议问题研究》，五南图书出版公司，2000年，第310页。

③ 该条规定系仿日本明治民法第一千零五十五、一千零五十六条规定而设，同前注书，第310页。

④ 至于解任，“民法”第五编第二章第五节则未规定，仅于同编第三章第四节中有关于遗嘱执行人解任之规定。“非讼事件法”第五十九及六十条虽分别有应及得解任之明文，唯其系针对亲属会议选任之遗产管理人，于本文有间。参照“司法院1984年8月28日（七三）厅民一字第〇六七二号函”复台“高院函”：“继承开始，继承人有无不明，且不能依民法第一千一百七十七条选定遗产管理人，法院既因利害关系人声请指定遗产管理人，该指定遗产管理人当然应受法院之监督，方能贯彻法院指定遗产管理人之立法意旨。依非讼事件法第七十八条第二项、第六十条规定，于上述指定遗产管理人准用之，法院自可依该法条第一款之规定，将违背善良管理人注意义务之指定遗产管理人解任，而另行指定。”管见认为法院得类推适用“非讼事件法”之规定，径将不适任者解任。

承之规定，于清偿债权、交付遗赠物后，将其剩余归属国库’。故有关张〇〇之遗产，似应由受赠人〇〇〇以利害关系人身分，依现行民法第一千一百七十八条第二项规定，向法院声请指定遗产管理人后，再向遗产管理人请求交付遗赠物，较为妥适。”

后者依台湾“法务部1991年3月15日（八十）律字第四〇五六号函”：“按民法第七百五十九条规定：‘因继承……于登记前取得不动产物权者，非经登记不得处分其物权’。所谓非经登记不得处分其物权，系指物权处分行为而言（参照最高等法院七十四年台上字第二〇二四号判例）。又依多数学者之见解，遗赠性质上系属债权行为。故本件系争土地原为被继承人陈〇〇所有，渠于〇〇年〇〇月〇〇日死亡后，其继承人陈〇仁未办理继承登记前即预立遗嘱将其继承所得不动产全部遗赠予〇〇〇，遗赠既属债权行为，核与民法第七百五十九条规定似无抵触。遗赠人陈〇仁于民国〇〇年〇〇月〇〇日死亡后，如受遗赠人无抛弃受赠，该遗赠于不侵害特留分之范围内，仍为有效，受遗赠人于未办理受赠财产遗赠登记前死亡时，受遗赠人之继承人倘系概括继承财产者，似仍为民法第一千一百七十八条第二项规定之利害关系人，于陈〇仁死亡时如发生继承人有无不明之情形，自应依民法第一千一百七十八条第二项规定，向法院声请选任遗产管理人，由遗产管理人践行民法第一千一百七十九条之程序，始得办理受赠财产之移转登记。”均采肯定说。

前揭用语系“法”明文规定，唯在实务上，几乎均以“指定”称之，举其荦荦大者如：

1.“司法院二十三年院字第一一〇七号解释”：“应由亲属会议选定管理人时，如无亲属，得由利害关系人声请法院‘指定’之。”

2. 台湾“高等法院八十五家抗字第一一一号裁定”：“遗产管理人经亲属会议同意得变卖遗产……，仅限于由亲属会议‘选定’之遗产管理人，或法院‘指定’之遗产管理人。”

3. 台湾“高等法院八十九家抗字第六十四号裁定”理由：“无亲属会议或亲属会议未于公示催告所定期间内选定遗产管理人者，利害关系人或检察官，得声请法院‘选任’遗产管理人。”唯裁定案由中仍以“指定”遗产管理人称之。

4. 台湾“高等法院八十九家抗字第二一三号裁定”理由虽谓：“……是否足认许〇〇为退除役官兵，而有台湾地区与大陆地区人民关系条例第六十八条第一项及退除役官兵死亡无人继承遗产管理办法之适用，即原法院应‘指定’主管机关即退除官兵辅导委员会为遗产管理人之问题。”唯裁定案由中仍以‘选任’遗产管理人称之。

5.“最高法院八十八年度家抗字第四五五号裁定”：“……被继承人如属退除役官兵者，即应依上开（台湾地区与大陆地区人民关系条例第六十八条第一项退除役官兵死亡无人继承遗产管理办法）规定，以（‘退辅会’）各该机构为法定之遗产管理人，法院不得再依前述民法规定，另行‘选任’遗产管理人，唯裁定案由中仍以‘指定’遗产管理人称之。”

由上述实务见解可知，法院本身在用语上都未能与“民法”相符，殊难理解，遑论当事人在声请时将前揭各种不同的用语混合使用，实有统一用语之必要。

所幸在2012年施行的“家事事件法”第七章继承事件的规定中，已经整合“民法”及原“非讼事件法”条文精神，而有更明确的规定。依该“法”第133条规定，“亲属会议报明继承开始及选定遗产管理人时，应由其会员一人以上于陈报书记载下列各款事项，并附具证明文件：

1. 陈报人。

2. 被继承人之姓名、最后住所、死亡之年月日时及地点。

3. 选定遗产管理人之事由。

4. 所选定遗产管理人之姓名、性别、出生年月日及住、居所”。

遗产管理人在职务上应向法院声请公示催告；公示催告之内容则依“家事事件法”第138条规定应记载下列事项：

1. 被继承人之姓名、最后住所、死亡之年月日时及地点。

2. 法院。

3. 遗产管理人之姓名、住所及处理遗产事务之处所。

4. 报明债权及愿否受遗赠声明之期间，并于期间内应为报明或声明之催告。

5. 因不报明或声明而生之失权效果。

各地方法院在受理“退辅会”声请公示催告上，多已有定型稿可以直接套用，只要修改姓名、住所地等个人数据即可，在作业上已较以往迅速，也渐少有以往部分地院曾经主文差异的情形。

而“退辅会”在遗产管理上，秉“司法院1993年四月二十七日（八二）秘台厅民三字第〇四九三八号函”：“台湾地区与大陆地区人民关系条例施行后，大陆来台之退除役官兵死亡而无继承人、继承人有无不明或继承人因故不能管理遗产者，依该条例第六十八条及退除役官兵死亡无人继承遗产管理办法之规定，应由其主管机关以法定遗产管理人之地位管理遗产，已无庸另声请法院裁定选任遗产管理人。”[①]本来即可基于法定遗产管理人之地位管理遗产。[②]唯揆诸前揭数例，实务并未据此有一致见解，各自为政的结果，导致“退辅会”耗费诸多心力在“向法院解释”上，“司法院”与“退辅会”间就之应有更进一步沟通。

另在文字精确上，“退辅会”1997年5月公布之前开办法第四条中，明定由该会所属“安置”机构为遗产管理人，例外始由服务机构为之，司法实务亦以之为本。[③]该办法嗣于1999年5月修正为“赡养”机构后，似未尽见于诉讼时更改之，“退辅会”宜适时主张，避免法院有所误用。

第二项 遗产管理人之职务

遗产管理人被选定后，基于该法律地位，即应依“民法”第五编第二章第五节第一千一百七十九条至第一千一百八十二条规定，为遗产管理人如次之职务。[④]

一、编制遗产清册（“民法”第一千一百七十九条第一项第一款）

依同条第二项规定，应于就职后三个月内编制之。[⑤]“退辅会”则未于其“行政院国军退除役官兵死亡善后处理及无人继承遗产管理作业程序”肆、二中明定期限，仅训示曰“即”编制遗产清册。

在清查遗产技术上，清册“除须详列现金、金饰等有价物品外，更应注意亡者生前与大陆书信往来、照片及日记等物，以利日后核对大陆公证书，确认亲属关系之真伪。对清理之遗留财物，应即知会会计、政风部门，登账列管，并主动向财

① 参“退辅会”1993年5月12日（1993）“辅壹字第九六四三号函”。

② 依该函示，仅非大陆来台之退除役官兵死亡，发生无人继承、继承人有无不明或继承人因故不能管理遗产情形者，因不涉及大陆人民权利，依该条例第一条特以规范台湾地区及大陆人民之往来，并处理衍生之法律事务为立法本旨以观，始由亲属会议选定遗产管理人或声请法院选任遗产管理人。

③ 如“最高法院八十五年度台上字第六八四号判决”。

④ 参戴炎辉、戴东雄合著，《中国继承法》，自刊，1999年，第220页；张琼文，《无人承认继承遗产之研究》，东海大学法研所硕士论文，第39页至71页；林秀雄，《民法亲属继承争议问题研究》，五南图书出版公司，2000年，第301页至310页；尤重道，《无人承认之继承登记实务研究》，《土地事务月刊》第二五八期，第10至11页。

⑤ 通说认该三个月系“完成”清册之期限，非开始编制之期限（参戴东雄、林秀雄等前揭注），否则何时编制漫无限制，管理人任意拖延，不能达监督之目的。论者有谓遗产管理人于就任之初，对于被继承人之全部财产状况尚未能完全明白，有待于公示催告期间，债权人申报权利或受遗赠人愿受遗赠与否之声明后，斯能确定遗产状况，认为限制在三个月内为之无实益，参张琼文，前揭论文，第40页。笔者则认为该款系要求遗产管理人编制，乃第一个动作，而非嗣后无视于财产出入（如公示催告费之支出），在遗产管理期间仍应为“动态”之处理。

税、地政、金融等机构，[①]详细函查亡故荣产，依规定提领‘国库’保管或变更遗产管理人登记。另对去台老兵租屋或遗留房屋应派员或可协同荣欣志工整理清洁后，归还屋主或妥善管理，养成随案随登随管之工作要求”，[②]并请财税单位提供财产总归户清单，俾厘清去台老兵遗产总额。唯该会各服务机构仍屡见遗产清册未详实登列、支用项目不符或缺漏情形，[③]宜加改进。

---

① 依“法务部1984年1月24日法七三律字第九五二号函”：“搜索继承人与管理、清算遗产，系并行之程序（史尚宽，《继承法论》，第345页）。只身来台人士死亡后无人继承之遗产，因客观上不得行搜索继承人之公示催告，而第一千一百八十五条规定之适用，无碍于遗产管理人为遗产之管理及清算，故遗产管理人非不得依第一千一百七十九条第一项第二款为保存遗产必要之处置。按遗产管理人之设，原在管理保存遗产以免散失，并清算遗产以终结被继承人之法律关系。第一千一百七十九条第一项虽未明定遗产管理人有收取债权之职权，但收取债权原系清算遗产之必要程序，依学者见解（参史尚宽，《继承法论》，第344页），为保存遗产必要处置，解释上实应包含收取债权在内。银行存款，性质上为消费寄托（参照司法院院解字第三〇一八号解释），民法第六百零三条规定之金钱寄托返还请求权为债权之一种，遗产管理人自得依职权代被继承人行使金钱寄托返还请求权，提领其银行存款暂为管理保存。”其自包括对金融机构收取债权。纵该函系“两岸人民关系条例”施行前为之，仍不无参考余地。

② 参“退辅会”第一处2000年12月27日“善后处理及遗产管理检讨会缺失检讨报告”，第12页。

③ 参“退辅会”第一处2000年12月27日“善后处理及遗产管理检讨会缺失检讨报告”，第6页。

图 3-1[①]　单身亡故去台老兵遗留财物清理作业流程

一、由善后服务小组成员会同服务区组长、亲友、邻居等，会同至亡故去台老兵亡故最后居所，实施清点。
↓
二、会同见证人到场清理遗留财物及证件：如身份证、退伍令、俸金支领凭证、邮局储金簿、现金等存单（折）、金饰、外币、不动产权状等。
↓
三、完成清查作业纪录： 1. 登记遗产清册。 2. 请见证人核对遗产清册是否账册相符。 3. 请见证人签名。
↓
四、签报遗留财物清理情形及处理意见： 1. 现金、金饰、外币等清点过磅后移出纳专户无息保管。 2. 发现储金簿失落，立即以口头向各邮局挂失，后补公函挂失。 3. 函提存款：附送死亡诊断书、除户誊本等影印本、提存单等、收支组存款、加送领款收据，汇款交出纳存“国库”亡故去台老兵专户无息保管。

二、为保存遗产必要之处置（“民法”第一千一百七十九条第一项第二款）

管理行为本指保存、改良及利用等行为而言，不包括处分行为。但为防止遗产之灭失或毁损，特别赋予遗产管理人在为保存遗产情形下得为必要处分。例如遗产有易于腐败之物，应许遗产管理人变价处分之，无庸得亲属会议或法院同意。

“退辅会”依前揭作业程序肆、一规定，谓家电物品、摄影器材等有价物品应予标（让）售，[②]所得价款，并同遗款列入“国库”账户无息保管。无法变价之物

① 引自古锦祥，《如何维护在台单身亡故荣民之大陆亲属权益》，“退辅会 1998 年研究年报”，1999 年 6 月，第 20 页。

② 该用语于其他法例鲜见，复举摄影器材列示，甚为奇特。而该类家电物品目前市价并非昂贵，遗产管理人常面临标售数次无人应买之情形，迭致困扰。参“退辅会”2001 年 4 月 17 日 2001 年度“亡故荣民善后服务暨遗产管理讲习（北、中部地区）建议问题答复表第七项”。

品，则遗产管理人“得酌情处理”，[1] 并登列遗物清册备查。

不动产除依“退除役官兵亡故遗留房、地作业规定”外，另依种类之不同为下述之处理：

（一）违建屋（参该作业程序肆、一、（八）之规定）：

1. 亡故去台老兵无权状之违建房屋，得径行让售，应以无舍去台老兵或共同居住之去台老兵为优先让售对象。

2. 应签定让售契约书，除载明相互之权利义务，特应明订让售仅为地上物之使用权。

3. 违建房屋让售之价款，并亡故去台老兵遗款处理。

（二）承租地（参该作业程序肆、一、（九）之规定）：

1. 属公有土地，依土地管理机关有关法规办理。

2. 私有土地，依承租契约书约定办理。

3. 可转让之土地（有优先承购权续约之租约），遗产管理人依法转让其承租权，收取转让费。

4. 不可转让之承租地，协商土地管理机关给予地上物合理补偿后归还土地。

5. 转让费、补偿金并亡故去台老兵遗款处理。

（三）地上有价作物（参该作业程序肆、一、（十）之规定）：

1. 土地属公有林地，协商林务局做合理补偿，或征得同意变卖取得价款后，交还土地。

2. 土地属滥垦地，视地上物产值状况洽请土地所有权人酌予补偿后交还土地。

3. 补偿金额并亡故去台老兵遗款处理。

（四）有权状土地及建筑改良物（参该作业程序肆、一、（十一）规定）：

1. “荣民服务处”“荣民之家”及赡养中心等遗产管理人，对亡故去台老兵有权状之土地房屋，应检附法院公示催告裁定书、所有权状、土地登记申请书及登记

---

① 拉丁法谚有云“从事亏本之贱卖”（Grundsatz des Verbots eines venire contra factum propium）不得为之，衍生义为违反常态之行为应予禁止。在“得”（决定裁量 Entschliessungsermessen；吴庚“大法官”则称行为裁量或决策裁量）“酌情”（不确定法律概念 unbestimmte Rechtsbegriffe）下，似难避免贱卖之可能。关于裁量及不确定法律概念之说明请参许宗力，《宪法与法治国行政》，元照出版公司，1999 年，第 181 至 219 页；张家洋，《行政法》，三民书局，1991 年，第 552 页；李惠宗，《行政法要义》，五南图书出版公司，2000 年，第 256 页；翁岳生编，《行政法 2000》（上），自刊，2000 年，第 203 页以降；陈敏，《行政法总论》，自刊，1999 年，第 157 页以降。唯前揭通说见解笔者认在德（如 H. Faber 教授主张）、瑞（如 Franceoco Bertossa 主张）及奥地利通说与实务已渐将二者不作区分之趋势下，似有检讨空间。参吴庚，《行政法之理论与实用》，第六版，自刊，2001 年，第 120、123 及 125 页。

清册备函向住所地之地政机关申请土地变更登记。

2. 其他善后处理单位对亡故去台老兵有权状之土地房屋，应交由所在地之“荣民服务处”办理土地变更登记。

3. 土地变更登记，得委托土地代书办理，费用由遗产支付。

而该等不动产须于公示催告所定期间届满向法院声请核准后，[①]始得变卖，所得价款应缴送“国库”账户无息保管，俟该亡故去台老兵之大陆继承人经合法申请后，再行发予；[②]苟无人继承或继承剩余，依“民法”第一千一百八十五条规定，解缴“国库”。

前述系“退辅会”之赡养及服务机构任法定遗产管理人时，就单身亡故去台老兵遗留不动产之处理。在实务上，该等遗产管理行为屡因“司法”或其他行政（地政）机关未尽了解，而造成遗产管理人职务履行上之窒碍，举其大者厥有：

（一）法院未必允准该等不动产之变卖

虽该作业程序第肆、一、（十一）点明文规定遗产管理人就有权状土地及建筑改良物，应向法院声请变卖。唯法院未必允准，且见解甚为分歧。兹就肯、否两说分析如下：

1. 肯定说

采肯定说者如“司法行政部 1978 年 1 月 13 日台六七函民字第〇〇二九六号函”：“法院依非讼事件法第七十八条第一项指定之遗产管理人为清偿债权或交付遗赠物，有变卖遗产之必要者，依同条第二项准用民法第一千一百七十九条规定，须经亲属会议之同意始得为之。惟退除役军人死亡，在台既无亲属可组成亲属会议，而由法院指定遗产管理人，则其拍卖财产似亦应经法院同意，始得为之。此项规定于依非讼事件法第七十九条指定之管理人变卖遗产时，亦有准用。”

再如 1982 年 3 月“司法院司法业务研究会”第一期研究意见：“按继承开始，继承人有无不明，而不能依民法第一千一百七十七条选定遗产管理人，依非讼事件法第七十八条第一项规定，固得由利害关系人声请法院指定之，遗产管理人并应依民法第一千一百七十九条以次之规定执行其职务。如系有继承人，因故不能管理遗产者，依非讼事件法第七十九条第一项准用第七十八条之结果，虽亦得由利害关系人声请法院指定遗产管理人，惟此项遗产管理人仅能依同条例第二项之规定执行其

① 即使在“两岸人民关系条例”施行（1992 年 9 月 18 日）前，“退辅会”亦采如斯作为，如台湾台中地方法院 1990 年度家声字第五号裁定。且该会于“遗产管理办法”第八条之一亦已明文规定。

② 唯继承额受“两岸人民关系条例”第六十七条每人新台币二百万元之限制。

职务，并无民法第一千一百七十九条以次各条之适用。本件在台无亲属之退除役官兵死亡，利害关系人（笔者按：'退辅会'）依非讼事件法第七十九条第一项、第七十八条之规定声请法院指定遗产管理人，为清偿看管费、修缮费、税捐，变卖其遗产，揆诸第七十九条第二项之规定尚无不合。"

又如"司法院1985年4月9日（七四）秘台厅一字第〇一二一九号函"复"退辅会"："查遗产管理人为清偿债权之必要，经亲属会议之同意得变卖遗产，为民法第一千一百七十九条第二项后段所明定。为如继承开始，继承人有无不明，且不能依同法第一千一百七十七条规定，由亲属会议选定遗产管理人，依非讼事件法第七十八条第一项规定，则应由法院裁定指定之。依同条第二项准用民法第一千一百七十九条之结果，该指定遗产管理人，自亦应受法院之监督，其管理行为依法应经亲属会议同意者，自应由法院代亲属会议处理，方能贯彻法院指定遗产管理人之立法旨趣。贵会代管单身亡故去台老兵所遗留不动产，既系由于贵会依法定程序声请法院指定为其遗产管理人，兹贵会公开标售上开不动产，及定其标售价格，揆诸前揭说明，似应报请该管法院核备，以符规定。至于标售不动产细节，亦可洽该管法院指导。"

2. 否定说

否定说者如"司法院1992年10月13日（八一）厅民一字第一六九七七号函"复台高院："一、依民法第一千一百七十九条第一项第二款之规定，为保存遗产必要之处置，系遗产管理人之职务，毋须得法院许可或亲属会议之同意。二、又遗产管理人本有保管遗产之任务，于不变更其物或权利之性质或范围内，固得为利用、改良行为，无待法律规定，是上开规定应指保存遗产必要之处分行为而言。三、本件之遗产管理人（'退辅会'）如认有处分遗产之必要，依上开规定，既属其职务，且又未有应经法院准许之规定，故以讨论意见之乙说（否定说）为是。"

再如"台湾高等法院八十八家抗字第七一及一二五号裁定"谓："……遗产管理人本有保存遗产之任务，在不变更其物或权利之范围内，自可加以利用或改良；于保存遗产而有必要时，亦得为必要之处置，本无须经亲属会议之同意，即可为之；至于须经亲属会议之同意始得变卖被继承人遗产者，应以'为清偿债权或交付遗赠物之必要'时为限，此综观民法第一千一百七十九条规定自明。则因亲属会议不能召开或召开有困难时，而声请法院同意变卖遗产时，自亦应以'为清偿债权或交付遗赠物之必要'者为限，除此以外，法律既未限制遗产管理人对遗产为处分行为须经亲属会议同意，自亦无声请法院同意之法律上依据，而应由管理人本其职务径为'必要之处置'。从而，本件被继承人王〇〇之遗产既无'为清偿债权或交付遗赠物之必要’之情形，抗告人（‘退辅会’）仍执前词，[①]请准予变卖，尚非有据。”

复依“台湾高等法院”台中分院2001年3月8日2001年度家抗字第三号民事裁定：“原法院以……适用非讼事件法第七十九条第三项之规定，以合于同条第一项[②]之规定为前提。[③]本件抗告人（‘退辅会〇〇荣民服务处’）为被继承人周〇〇之法定遗产管理人，与非讼事件法第七十九条第一项所规定要件不合，尚不得主张该第三项为拍卖之留置。又本件声请理由亦与代管无人承认继承作业要点第二十一条所定为清偿债权或交付遗赠物之前提不相符，且抗告人声请所据退除役官兵死亡无人继承遗产管理办法于八十四年十一月一日业已修正将第五条原有‘经认定其性质不适于管理者，得自行变卖或声请法院拍卖后保管其价金’字样删除。况抗告人所引司法院秘书长八十六年六月二十四日（八六）秘台厅民三字第〇九〇九〇号函系以民法第一千一百七十九条第二项后段‘（遗产管理人）为清偿债权或交付遗赠物之必要，管理人经亲属会议之同意，得变卖遗产’及同法第一千一百三十二条第二项前段‘亲属会议不能召开或召开有困难时，依法应经亲属会议处理之事项，由有召集权人声请法院处理之’为据，然抗告人声请理由与上开条文要求‘清偿债权或交付遗赠物’之前提要件回不相侔，自无准为拍卖之理。因认抗告人之声请于法无据，应予驳回。……查抗告人为周〇〇之法定遗产管理人，依民法第一千一百八十五条规定，于同法第一千一百七十八条所定之期限届满，无继承人承认继承时，

① “退辅会”抗告意旨谓：一、抗告人代管之遗产诸如土地、房屋为数甚多，限于人员及经费，实难派遣专人看管，即设派遣专人看管，亦难长期负担看管费用、修缮费、各项税赋等，类此事实上困难之情形，普遍存在于抗告人管理之诸多去台老兵遗产事件中，抗告人历年来均经声请法院裁定准予变卖有案可稽。且因代管遗产甚多，如不能派人居住看管，极易为宵小窃占，制造纠纷；如以租赁方式处理，承租者不付租金、又不搬迁，甚至要求巨额搬迁费之事件又屡见不鲜，故遗产管理人将管理之遗产予以变卖，开立专户保管，系为便于保管并保证其价值不变之更佳及必要之处置。二、依“台湾地区与大陆地区人民关系条例”第六十七条第一项前段及同条第四项前段等规定，抗告人亦有将保管之遗产予以变卖之必要，俾便依上开规定计算大陆地区继承人之继承权利价额。三、依“司法院秘书长1997年6月24日（八六）秘台厅民三字第零九零九零号函”所示，“……故遗产管理人除得为保存遗产必要之处置外，其‘变卖遗产’应得亲属会议或法院之同意，不得自行变卖”，抗告人既属法定遗产管理人，而变卖遗产复无从依规定经亲属会议之同意，依此应经法院同意始属允当等语，求为废弃原裁定。其中第三点台湾“高等法院”“以子之矛攻子之盾”，谓“司法院秘书长（八六）秘台厅民三字第〇九〇九〇号函”虽示：“……故遗产管理人除得为保存遗产必要之处置外，其‘变卖遗产’应得亲属会议或法院之同意，不得自行变卖”云云，唯该函说明五业经载明：“上开研究意见仅供参考，……法院……不受上开意见之拘束。”“退辅会”据此为声请变卖遗产之依据，并无可取。

② 法文为：“继承人因故不能管理遗产，或未委任遗产管理人，被继承人亦无遗嘱指定者，得由利害关系人声请法院选任遗产管理人。”

③ 法文为：“第一项遗产管理人，应于六个月内清偿债权，并交付遗赠物，如有剩余，应提存之；其性质不适于提存者，得于拍卖后提存价金。”

其遗产于清偿债权并交付遗赠物后，如有剩余，归属国库。本件周〇〇经公示催告期限届满，既无人报明债权、声明愿受遗赠或承认继承，此时遗产管理人将遗产点交国库即可，不发生保存遗产及变卖问题，自无准许其变卖之理由，抗告人声请变卖周〇〇之遗产，核无理由，应予驳回。至于抗告人所援引之非讼事件法第七十九条系指有继承人，其继承人因故不能管理遗产之情形，始有变卖遗产之问题。依上所述，原法院驳回声请人之声请，理由虽有不同，其结果并无二致，应认抗告人之抗告为无理由，予以驳回。"

上揭见解仁智互见，各有理由。更有如"法务部 1988 年 12 月 21 日法七七律字第二二六二九号函"所示，"是否有荒废丧失价值之虞而有保存之必要，宜由主管机关视具体个案自行认定之"。有解释等于没解释者。唯采肯定说允准变卖者仍较多数，例如台湾"高等法院八十七家抗字第一三〇号及八十八家抗字第九号裁定"，即采纳"退辅会"抗告见解。[①]

是类作为"退辅会"均委任律师为之，不服第一审裁定抗告时，不论准驳或发回原法院与否，律师费、声请及抗告等程序费用均由遗款负担，于去台老兵遗款较少时，上揭费用支出难觅，遗产管理人会计作业难为。是以拙见建议"退辅会"应修改其作业程序，不必强令法院"背书"准予变卖遗留不动产，秉其遗产管理人职权径为之即可，[②]有争执时始透过司法途径解决，俾增强其主动性。

在屡受法院驳回之情形下，"退辅会"委请"内政部"解释，经该"部 2001 年 4 月 20 日以台（九十）内中地字第九〇八一〇七六号函"复，谓若受法院以得自行为之而驳回者，即得秉其裁定径行变卖。如斯解决"退辅会"就亡故去台老兵遗留不动产变卖及登记问题。

比较之下，在登记实务上，"内政部"对于遗产管理人为保存遗产必要之处置而处分遗产时，另要求遗产管理人须就"遗产有无荒废丧失价值之虞"、[③]"是否为

---

① 同前注抗告意旨，搬出"司法院秘书长 1997 年（八六）秘台厅民三字第 09090 号函""退除役官兵死亡无人继承遗产管理办法"及自己授权给自己之"行政院国军退除役官兵死亡善后处理及无人继承遗产管理作业程序"等理由，笔者认法理依据似有不足。

② 在"国有财产局"任遗产管理人时即然，参"内政部台 1986 年 11 月 10 日台（七五）内地字第四五四二〇八号函"。

③ "内政部 1992 年 5 月 7 日台（八一）内地字第八一七六五六五号函"，继承登记法令补充规定第六则，参张琼文，《无人承认继承遗产之研究》，东海大学法研所硕士论文，第 43 页。该"部"另以 1998 年"台（八七）内地字第一二〇四九号函"，谓大陆人民依"两岸人民关系条例"第六十九条不得取得台湾地区不动产，自亦不得申办不动产继承登记，准此，该大陆继承人即不具申请人身份。参李永然、黄振国，《继承权益与遗嘱书范例》，永然文化出版股份有限公司，2000 年 3 月，第 242 页。

保存遗产必要之处置”及“变卖时是否以为善良管理人之注意”等，[①] 切结负责。唯“退辅会”因采藉法院“背书”方式处分不动产，于斯尚不与焉。

（二）地政机关未必受理遗产管理人之嘱托登记

虽该作业程序第肆、一（十一）点明文规定“荣民服务处”“荣民之家”及赡养中心等遗产管理人，对亡故去台老兵有权状之土地房屋，应检附法院公示催告裁定书、所有权状、土地登记申请书及登记清册备函向住所地之地政机关申请土地变更登记，唯就此嘱托登记，地政机关未必受理。以笔者经验上为例，南投地区南投及竹山地政事务所即可；埔里地政事务所否之，认为“退辅会”非如法院，无得嘱托登记，其对“国有财产局”任遗产管理人所为之嘱托登记申请亦然。

此际即生有同属南投地政机关，他机关所为之“行政先例”是否得适用于同性质之另一地域管辖机关之问题？[②] 管见以为，单身亡故去台老兵遗留不动产之遗产管理人登记，虽不符“土地登记规则”第三十条第一至九款列举之规定，唯该条第十款既系概括规定，在“两岸人民关系条例”已明文授权“退辅会”为遗产管理人之规定，且他机关已有“行政先例”下，部分地政事务所不宜故步自封，斯符“行政程序法”第十九条“机关互助原则”规范意旨。

此外，在管理上，“退辅会”虽已订定“退除役官兵死亡无人继承遗产管理办法”订有相关管理规范与作业程序，并建置“善后服务暨遗产管理系统”，然据2009年“中央政府总决算审核报告”指出，该系统未将向地政机关查询亡故去台老兵不动产作业，或与地政机关勾稽比对亡故去台老兵不动产登记之相关资料纳入规范，致有单身亡故去台老兵840人所有之土地1,307笔、166人所有之建筑物177栋，漏未纳入不动产管理；部分列管之单身亡故去台老兵不动产土地与房屋，

① 有学者认应区分遗产管理人是否受有报酬而异其注意程度：受有报酬者，应为善良管理人之注意（参“民法”五百三十五条）；未受有报酬者，仅为与处理自己事务为同一注意，（参戴炎辉、戴东雄合著，《中国继承法》，自刊，1992年，第224页）。另有学者主张不必区分是否受有报酬，应一律以善良管理人注意义务为之，观“非讼事件法”第五十五条即明（该争议请参林秀雄，《民法亲属继承争议问题研究》，五南图书出版公司，2000年，第309页）。管见采后说，认从“非讼事件法”第六十六条规定反面推论及“民法”第一千一百八十三条明定遗产管理人得请求报酬亦可得知，苟从前说，因“退辅会”未受有报酬，岂能因此即谓不为善良管理人之注意义务？唯“退除役官兵亡故遗留房、地作业规定（草案）”第十七条第二项中，已见得将标售价款提拨百分之三，优先分配予遗产管理人报酬之规定，依“楔子理论”，在标售以外之其他范畴似亦可能受有报酬，准此，前揭争议即得弭平，均应尽善良管理人之注意义务。另有学者从忠实义务角度探讨，参谢哲胜，《忠实关系与忠实义务》，《月旦法学杂志》第七十期，第137页。

② 有关行政先例之论述，请参阅陈清秀，《行政法的法源》，收录于翁岳生编，《行政法2000》（上），自刊，2000年，第119页。

图 3-2 “退辅会”对单身亡故去台老兵遗留不动产处理程序

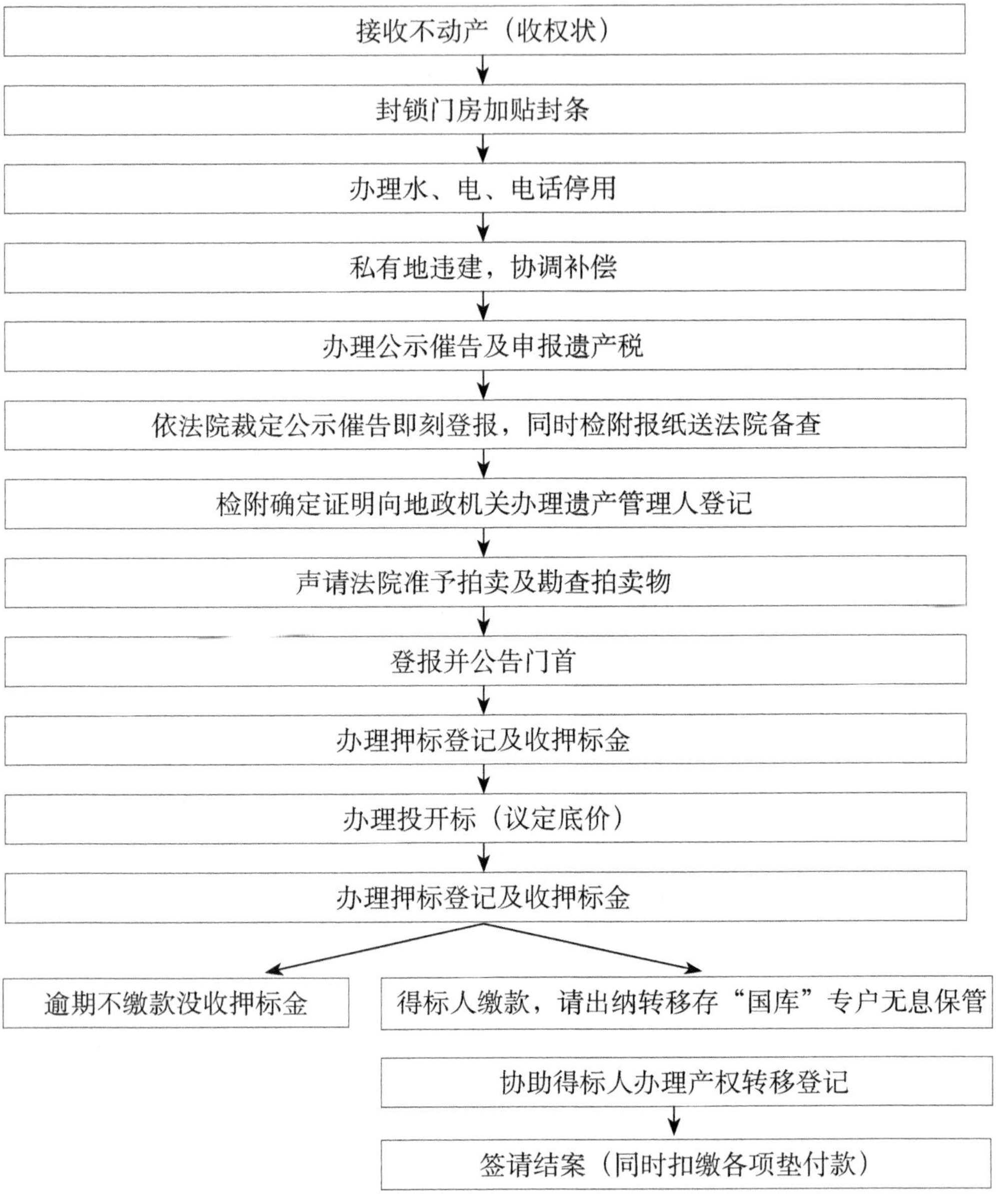

其登载之所有权人，与“内政部地政司”登记资料不符；甚有土地 195 笔、房屋 119 笔虽属亡故去台老兵所有，然其管理机关并非“退辅会”所属之服务或赡养机构……等六项重大缺失；显见“退辅会”所设置之“善后服务暨遗产管理系统”并不完备，受到台湾“立法”部门的批评。①

综合前述，可以下列之流程图呈现目前“退辅会”对单身亡故去台老兵遗留不动产之处理程序。②

三、对于继承债权人及受遗赠人公告之声请与通知（“民法”第一千一百七十九条第一项第三款）

“退辅会”于“行政院国军退除役官兵死亡善后处理及无人继承遗产管理作业程序”肆、三中，明定遗产管理人对亡故去台老兵遗产除无法支付公示催告及丧葬等费用者外，均应于去台老兵亡故之日起，两个月内向其住所地之法院声请公示催告。其催告事项包括：

（1）限定六个月以上之期限，③ 公告大陆地区以外之继承人，④ 命其于期限内承认继承。

（2）限定一年以上之期限，⑤ 公告亡故去台老兵之债权人及受遗赠人于该期间内报明债权及为愿受遗赠与否之声明。

声请程序应表明请求公示催告之陈述、得行使公示催告之法律所定事项，及陈明并释明各该法律规定所需之要件事实，请参考附件六范例。依法院现行处理，几以最后登载新闻纸之日起一年两个月为原则。⑥ 虽偶见所定期间较长者，唯依台湾“高等法院八十七年家抗字第一四四号裁定”：“公告之期限仅有最短期间之限制，而无最长期间之限制，得由法院斟酌公示催告声请人、继承人、债权人等之利益定

① “立法院”第 7 届第 6 会期“外交及国防委员会”审查 2011 年度“中央政府总预算案”全体委员会议第 3 次会议议事录，2010 年 11 月 3 日，第 8 页。

② 图 3-2 系改绘自古锦祥，《如何维护在台单身亡故荣民之大陆亲属权益》，“退辅会 1998 年研究年报”，1999 年 6 月，第 20 页。

③ “民法”第一千一百七十九条第一项第三款谓“期间”，该作业程序竟谓“期限”，“立法”质量欠妥。按前者系自某一期日至另一期日继续之时间；后者系当事人以将来确定发生之事实，决定法律行为效力之发生或消灭之一种附款，进一步可细分有确定期限及不确定期限，详请参陈荣宗等人合著，《法律类似语辨异》，五南图书出版公司，1997 年，第 273 页。

④ 大陆继承人依“两岸人民关系条例”第六十六条规定为三年，参本章第二节第三项一之说明。

⑤ 此际与“非讼事件法”第七十九条第三项前段规定：“第一项遗产管理人，应于六个月内清偿债权，并交付遗赠物，如有剩余，应提存之”之期间不同，适用上容有疑义。

⑥ 实务早期系分别针对继承人、债权人及受遗赠人订定两不同特定期日为公示催告裁定（如台湾台中地方法院 1987 年度家催字第五十号裁定）；今几以相同期间一并为之（如台湾彰化地方法院 1995 年度管字第十四号裁定、台湾台中地方法院 1998 年度家催字第二〇六号裁定）。

之。本件被继承人侯〇〇系大陆来台之军人，在台并无亲属，但在大陆地区容或有继承人，依现今两岸尚未准许往来之情势，其继承人难立即发现本件继承事实。且其在大陆地区之继承人欲承认继承者，尚须提出经台湾财团法人海峡交流基金会验证之相关文书，旷日费时。则原法院裁定公示催告期间两年一月，即难谓过长。（'退辅会〇〇荣民服务处'）抗告意旨指摘原裁定不当，求予废弃，为无理由。”堪系的论。

虽然“退辅会”上有规定，但所属服务及赡养机构下未谨遵。该会2000年10月18日（2000）“辅壹字第一七五五七号函”函发“八十九年度辅考各遗产管理机构善后服务暨遗产管理业务共同性缺失”中，即明示有部分案件延误办理公示催告，致影响日后遗产移交；且公示催告为简易之声请书状，每件以五千至一万元不等之费用委托律师或代书办理，显有不经济之支出（“审计部”已将之列为“退辅会”1999年督导缺点，[①] 迄未改善）。按公示催告前，继承人并未处于完全确定状态，“此应践行之法定程序，不仅事关公益，且影响遗产管理程序之安定性。前开（退除役官兵死亡无人继承遗产管理办法）办法并未规定应于何时前办妥，[②] 亦未规定得因继承人起诉免于办理，要不能因上诉人径行起诉请求而得解免”。[③] 而现行实务准予“退辅会”依“民法”第一千一百七十八条及第一千一百七十九条第一项第三款并为公示催告，学理上非无赀议。[④] 按前者系继承人之搜索，时期在先；后者系遗产清理之着手，时期在后，二者显有差异，不应混同为之。实务并为恐系图便之故。

① 以该部门于2001年3月26至29日驻审“退辅会南投荣民服务处”期间为例，即就之详加检查。

② 该件被上诉人“退辅会”未举“行政院国军退除役官兵死亡善后处理及无人继承遗产管理作业程序”第肆章第三节中，明定遗产管理人对亡故去台老兵遗产除无法支付公示催告及丧葬等费用者外，均应于去台老兵亡故之日起，两个月内向其住所地之法院声请公示催告之规定；法院亦未深究，致适用法令不当。

③ 参台湾“高等法院八十七家上字第三十五号判决”。

④ 郭振恭等三人合著，《民法继承新论》，三民书局，1993年，第284页。

四、清偿债权[①]或交付遗赠物[②]（“民法”第一千一百七十九条第一项第四款）

“退辅会”于“行政院国军退除役官兵死亡善后处理及无人继承遗产管理作业程序”第伍章第一节中，明定遗产管理人非于公示催告所定期间（一年以上）届满后，不得对亡故去台老兵之任何债权人或受遗赠人，偿还债务或交付遗赠物。[③]并谓亡故去台老兵之债权人或受遗赠人，不于公示催告所定期间（一年以上）内为报明或声明者，仅得就剩余遗产行使其权利。其中对亡故去台老兵债权之清偿，应优先于遗赠物之交付。

在“退辅会”处理实务上，就前者而言，常遇到之情形包括金融机构对亡故去

① 若系收取债权，依“法务部1984年1月24日法七三律字第九五二号函”：“搜索继承人与管理、清算遗产，系并行之程序（参史尚宽，《继承法论》，第345页）。只身来台人士死亡后无人继承之遗产，因客观上不得行搜索继承人之公示催告，而第一千一百八十五条规定之适用，无碍于遗产管理人为遗产之管理及清算，故遗产管理人非不得依第一千一百七十九条第一项第二款为保存遗产必要之处置。按遗产管理人之设，原在管理保存遗产以免散失，并清算遗产以终结被继承人之法律关系。第一千一百七十九条第一项虽未明定遗产管理人有收取债权之职权，但收取债权原系清算遗产之必要程序，依学者见解（参史尚宽，《继承法论》，第344页），为保存遗产必要处置，解释上实应包含收取债权在内。银行存款，性质上为消费寄托（参照‘司法院院解字第三〇一八号解释’），‘民法’第六百零三条规定之金钱寄托返还请求权为债权之一种，遗产管理人自得依职权代被继承人行使金钱寄托返还请求权，提领其银行存款暂为管理保存。”系采肯定说。纵该函系“两岸人民关系条例”施行前为之，仍不无参考余地。

② 实务曾有是否应经法院许可之问题？依“司法院1989年6月19日秘台厅一字第〇一五八一号函”：“按遗产管理人，谓清偿债权或交付遗赠物之必要，经亲属会议之同意，得变卖遗产，民法第一千一百七十九条第二项定有明文。若遗产管理人系利害关系人或检察官依同法第一千一百七十八条第二项之规定，声请法院选任者，本于同一趣旨，其变卖遗产，自亦应法院之许可。惟若被继承人生前对其债权人负有移转不动产所有权之义务，或将之遗赠他人者，遗产管理人为履行被继承人之此项债务，经践行民法第一千一百七十九条第一项第三款规定之程序，依同条项第四款及第一千一百八十一条之规定，将该项遗产不动产所有权移转登记与债权人或受遗赠人者，则系遗产管理执行职务之行为，得以善良管理人之注意，独立为之，毋庸经亲属会议之同意或法院之许可。”系采否定说。

③ 参“最高法院六十八年台上字第二六八六号判例”：“依照民法第一千一百七十九条第一项第三款规定，遗产管理人应声请法院依公示催告程序，公告命被继承人之债权人于限定期间内报明债权。又依同法第一千一百八十一条规定，非于上项公告期间届满后，债权人不得请求清偿债权，上诉人不依上开法定程序行使其权利，竟于公示催告程序所定期间届满前遽行诉求被上诉人给付，自有未合。”“最高法院七十七年八月十六日七十七年度第十四次民事庭会议决议”（一）亦同斯旨。

台老兵不动产抵押权之实施、[①]去台老兵生前侵权行为损害赔偿、[②]积欠水电费[③]等，[④]不一而足。若有设定抵押权或其他强制执行名义者，法院实务通常允许债权人于公示催告期满前，[⑤]以诉讼请求债权之清偿。

后者牵涉“民法”第五编第三章第三节遗嘱之效力，迭因遗嘱执行人强力主张其职权与“退辅会”法定遗产管理人发生龃龉，将在次项详述。通说[⑥]及实务[⑦]认遗赠仅具有债权效力；少数说认包括遗赠发生物权效力，特定遗赠仅发生债权效力[⑧]。受遗赠人须俟继承人（此际为遗产管理人）对继承债务已履行清偿后，始得受遗赠物之交付（“民法”第一千一百六十条参照）。[⑨]

苟债权人或受遗赠人未于前款所定期间内为报明或声明者，依“民法”第一千一百八十二条规定，仅得就剩余遗产行使其权利，遗产管理人无强保留遗产一部或全部之必要。

五、遗产之变卖（“民法”第一千一百七十九条第二项后段）

就之已于同条第一项第二款部分讨论，于斯不再赘述。特别是不动产部分，“退辅会”于“退除役官兵亡故遗留房、地作业规定”中，明定不动产标售作业程

---

① 如合作金库宜兰支库合金宜催字第〇二一一号秉宜兰地院宜耀民执午八十七执二七八一字第六五七七七七号通知致南投县“荣民服务处”函，请求清偿亡故去台老兵李〇〇生前公教贷款债务。

② 如“行政院农业委员会林务局东势林区管理处2000年（八九）势政字第四四〇八号致南投县荣民服务处函”，请求清偿亡故去台老兵杨〇〇生前侵垦该处土地债务。

③ 如“台湾高等法院八十七家上字第七二八号判决”。

④ 至于丧葬费用，依“法务部1990年6月27日法七九律字第九〇七一号函”：“按被继承人死亡后，已丧失其作为债权债务主体之权利能力，第三人如有为被继承人支付丧葬费用者，该第三人非可认为被继承人之债权人。至该项丧葬费用应如何支付，现行民法并无明文规定，亦无解释判例可资遵循。惟参诸外国立法例（如奥、瑞、日、韩等国民法规定）及台湾多数学者见解，丧葬费用应解释为继承费用，依民法第一千一百五十条规定，由遗产中支付，此项见解似为可采。至于该项费用之清偿时期，民法第一千一百八十一条虽规定遗产管理人非于第一千一百七十九条第一项第三款所定期间届满后，不得对‘被继承人之任何债权人’或受遗赠人偿还债务或交付遗赠物，惟支付丧葬费用之人，非为被继承人之债权人，已如前述，则丧葬费用之清偿时期，应不受该条规定，即须同法第一千一百七十九条第一项第三款所定公示催告期间届满始得受清偿之限制。且鉴于为死者支付丧葬费用，系葬礼民俗之一环节，属尊敬死者必要之举，自不宜将之与死者生前所负之一般债权同视，而宜解为丧葬费用得随时字遗产中支出。惟此项费用之支出，应以必要费用为限，并此叙明”则不在此限。

⑤ 台湾台北地方法院1992年拍字第一三〇〇号、台湾板桥地方法院1997年拍字第三三八号民事裁定。早期实务曾驳回类此请求，参“最高法院六十八年台上字第二六八六号判例”。

⑥ 张琼文，《无人承认继承遗产之研究》，东海大学法研所1999年硕士论文，第56页。

⑦ 如“最高法院八十六年度台上字第五五〇号判决”。

⑧ 参戴炎辉、戴东雄合著，《中国继承法》，自刊，1992年，第294页。

⑨ 此外，依“遗产及赠与税法”第八条第一项规定：“遗产税未缴清前，不得分割财产、交付遗赠或办理移转登记。赠与税未缴清前，不得办理赠与移转登记。但依第四十一条规定，于事前申请该管稽征机关核准发给同意移转证明书，或经稽征机关核发免税证明书、不计入遗产总额证明书或不计入赠与总额证明书者，不在此限。”

序，人各自为政、土法炼钢之情形，[①] 洵为适举。

六、报告或说明遗产状况（“民法”第一千一百八十条规定）

准此，“退辅会”本有是项义务，因亲属会议、亡故去台老兵之债权人或受遗赠人之请求报告或说明遗产状况。唯实际上，除大陆继承人之在台代理人向法院声请裁定通知继承声请案“准予备查”后，为申领遗产税免（完）税证明，而得向各地“退辅会”赡养或服务机构查询遗款数外，前揭机构基于防弊心态，几乎不会主动报告或说明遗产状况。盖大陆文书伪造匪难，遗产管理人自不宜透露太多细节，避免申请人“迎合”。

唯在“政府信息公开法”施行之后，“退辅会”恐无法径一律拒绝是类申请，届时申请人更有理由主张遗产管理人应报告或说明遗产状况。抽见以为其系“信息取得权”之具体落实，[②]“退辅会”宜早订立相关规定，就申请人之资格、取得信息之范围、程序、取得信息后使用之限制等加以规范，并参酌 2012 年甫实施之“个人数据保护法”规范，俾令遗产管理人行有所本。

七、有继承人承认继承或遗产归属“国库”时，为遗产之移交（“民法”第一千一百七十九条第一项第五款）

于本文探讨范围内，[③] 前者系指大陆继承人已历“退辅会”遗产管理人之审核，符合前揭遗产管理办法等规定，得委托在台代理人领取单身亡故去台老兵遗产之情

① 其已不仅是承办人员素质之因素而已，而是该会是否考虑得透过“受委托行使公权力之个人或团体”（Beliehener）之方式委外处理该技术性事宜，不致强求素质非高之承办人员为力有未逮之事。该概念请参阅李惠宗，《行政法要义》，五南图书出版公司，第 88 页。学者间就之有不同译名，如吴庚谓“委托私人行使公权力中之受托人”，《行政法之理论与实用》，自刊，2001 年，第 175 页；陈敏谓“公权力受托人”，《行政法总论》，自刊 1999，第 869 页；黄锦堂称“受委托行使公权力”，翁岳生编，《行政法 2000》，第 270 页；林金荣同黄锦堂见解，参林金荣，《委托私人行使公权力之理论》（上），《法令月刊》第五十一期，第 378 页。在“中央政府总员额法”施行之后，行政机关人员将有所减少，行政机关业务委外将是大势所趋。唯依“行政程序法”第 16 条规定，应有法律或法规命令之依据，并有“国家赔偿法”第 4 条之适用，请参考“司法院大法官释字第 269、382、462 等号解释”。

② 请参林子仪，《权力分立与宪政发展》，月旦出版社股份有限公司，1993 年，第 173 至 217 页，就“信息取得法”“立法”政策与法制之研究有详细论述。另请参罗传贤，《行政程序法论》，五南图书出版公司，2000 年，第 96 至 106 页；蔡志方，《行政救济与行政法学》（三），学林文化事业有限公司，1998 年 12 月，第 485 至 501 页；蔡茂寅、李建良、林明锵、周志宏等合著，《行政程序法实用》，学林文化事业有限公司，2001 年 1 月，第 91 至 93 页。

③ 在“国有财产局”为遗产管理人之情形，依“法务部 1985 年 9 月 4 日法七四律字第一一八八九号函”，于公示催告期满无人承认继承，在清偿债权并交付遗赠物后，将剩余遗产归入“国库”。于斯尚不赘述。

形，[①] 前已论及，于斯尚不赘述。

后者则系依该“遗产管理办法”第七条第二项规定：“遗产管理人于公示催告所定期限或大陆地区人民应为继承表示期限届满，无人继承之遗产，除依本（即两岸人民关系条例）条例第六十八条第四项规定捐助设置财团法人荣民荣眷基金会者外，于清偿债权、交付遗赠物并扣除第八条支出之费用后，如有剩余，应移交国库。”“退辅会”于2001年2月19日（2001）“辅壹字第二四八四号函”中，已通知各服务及赡养机构清查“八十二年九月十七日前已完成继承之剩余款”及“自八十二年九月十八日起至八十二年十二月三十一日止已逾继承期限无人继承及继承剩余款”，于清查完竣陈报“退辅会”后，[②] 日后俟该会通知再解缴“国库”。[③] 如“国

① 实务上常见大陆继承人误以为由遗产管理人发函领遗产，“即得秉之来台”，洵非正确。而在台代理人之相关争议请参本文第二章第二节说明。另依海基会1995年11月24日（1995）海仁（法）字第〇九七三五号函，同意于“陆委会”委托契约附件七增列第二项：“移交在台无代理人之大陆地区人民继承台湾地区人民之遗产”，知海基会亦有此职权。唯囿于职务繁琐及恐涉图利，尚未闻有相关事例者。

② 参照日本民法第九百五十六条第二项、九百五十九条规定，移交遗产应同时为管理之计算，自不待言。参王书江、曹为，《日本民法》，五南图书出版公司，1992年8月，第183至184页；中川善之助、泉久雄，《相续法》，有斐阁，1974年，第415页。其中若有商标、专利或著作权等无体财产权者，依“商标法”第三十四条第三款、“专利法”第七十条第二款及“著作权法”第四十二条第一款等规定，因无人承认继承而消灭，不可不察。而若强制执行开始后，债权人死亡，而无人承认继承时，遗产管理人于清偿债权并交付遗赠物后，将所剩余者移交“国库”，该强制执行事件，依“司法院三十一年院字第二二九九号解释”，应继续进行。

③ 参“司法院三十年七月十五日院解字第二二一三号解释”：“继承开始时继承人有无不明者，依民法第一千一百七十七条及第一千一百七十八条第一项之规定，应由亲属会议选定遗产管理人，并将继承开始及选定遗产管理人之事由呈报法院，并认检察官有此职权。即在亲属会议无人召集时，国库虽因其依民法第一千一百八十五条之规定于将来遗产之归属有期待权，得以民法第一千一百二十九条所称利害关系人之地位召集之，但遗产归属国库时由何机关代表国库接收，现行法令尚无明文规定。按其事务之性质，应解为由管辖被继承人住所地之地方行政官署代表国库接收。则因继承开始时继承人有无不明须由国库召集亲属会议者，亦应由此官署行之，未便认检察官有此权限。再依民法第一千一百八十五条之规定，遗产于清偿债权并交付遗赠物后有剩余者，于民法第一千一百七十八条所定之期间届满无人承认继承时，当然归属国库，不以除权判决无此项效果之发生要件。民法第一千一百七十八条所谓法院应依公示催告程序公告继承人于一定期间内承认继承，仅其公告之方法，应依公示催告程序行之，非谓期限届满无继承人承认继承，尚须经除权判决程序。况依民事诉讼法第五百四十一条以下之规定，除权判决依应本于公示催告声请人之声请为之，亲属会议不过将继承开始及选定遗产管理人之事由呈报法院，并非声请为公示催告，亦无从声请为除权判决，则检察官不得声请为除权判决尤无疑义。”确系的论。

库”拒绝受领，遗产管理人得依“民法”第三百二十六条规定，将其提存。① 反之，遗产管理人不为移交时，“国库”得向法院请求履行之诉。② 经统计，③“退辅会”管理无人继承或继承剩余之单身亡故去台老兵遗产，每年解缴“国库”近 10 亿元，自 1999 年至 2010 年止，累计亡故去台老兵解缴“国库”遗产金额高达 94 亿余元，对增益“国库”有相当帮助。

于本章节第一项已述及此际“国库”并非立于继承人之地位，唯在法制设计上，④ 仍取得该剩余遗产。且其取得依通说见解 ⑤ 为原始取得，⑥ 于遗产归属于“国库”后，继承债权人及受遗赠人不得对“国库”行使其权利，一切继承债权消灭。唯学者林秀雄采反对说，⑦ 谓台湾“民法”未如日本法规定，于搜索继承人公告期间后，令管理人所不知之债权人或受遗赠人生失权效果，且第一千一百八十二条规定债权人或受遗赠人虽于公告期间内未为报明或声明，仍得对剩余财产行使其权利，其权利并未消灭，仅系减弱而已。苟从日本民法规定，则该条将无存在意义，且将产生下述不当结果：

① 参前“司法行政部 1975 年 1 月 3 日台六四函民字第 0005 号函”：“无人承认继承之遗产，于民法第一千一百七十八条所定之期限届满，而遗产管理人已清偿债权并交付遗赠物后，其剩余财产（包括债权在内，参照司法院院解字第二二九九号解释），依民法第一千一百八十五条规定，当然归属国库。本案被继承人郭○○在台湾第一商业银行凤山分行所存新台币○○元债权依上开说明，当归属国库，应由国库向该分行领取该项存款，遗产管理人不得领取。又遗产归属国库时，依民法第一千一百七十九条第一项第五款规定，遗产管理人应将其移交国库。本案遗产管理人所保管之四张存款单及三颗印章，自应移交于国库。遗产管理人之此项移交义务，系属私法上之义务（参照下注司法院院字第二二九五号解释），如国库拒绝受领，遗产管理人可依民法第三百二十六条规定，将其提存。”唯“国有财产局”方面亦乏此经验，嗣后“退辅会”如何移交，彼等机关将颇费思量。

② 司法院 1942 年 3 月 6 日院解字第二二九五号解释：“遗产依民法第一千一百八十五条规定归属国库时，遗产管理人依民法第一千一百七十九条第一项第五款应向国库为遗产之移交，此向私法上之义务如不履行，国库自得向法院提起请求履行之诉。”复参“院字第二八〇九及前述二二一三号解释”，应由管辖被继承人住所地之地方行政官署代表“国库”为之。

③ “立法院”第 7 届第 6 会期“外交及国防委员会”审查 2011 年度“中央政府总预算案”全体委员会议第 3 次会议议事录，第 14 页。

④ “民法”第一千一百八十五条规定。

⑤ 参郭振恭等三人合著，《民法继承新论》，三民书局，1993 年，第 288 页；戴炎辉、戴东雄合著，《中国继承法》，自刊，1992 年，第 230 页。学者史尚宽有异说，谓自归属于“国库”积极财产上之负担，因与归属同时消灭之点观之，以原始取得为当；然于归属“国库”前，第三人已完成取得不动产时效者，虽尚未申请登记为所有权人，则不妨为之。另基于与被继承人所订租赁契约之租赁权，不因其标的物归属于“国库”而消灭，则又以继受取得为宜，参史尚宽著，《继承法论》，第 352 页，（转引自林秀雄，《无人承认继承时剩余财产之归属》，《月旦法学杂志》第二十六期，第 60 页）。

⑥ 系非依他人际存之权利而取得物权，此种取得之物权，非继受他人而来，与他人之权利无涉，物权标的上所原存有之一切负担，均因原始取得而消灭，原来物权人不得对之主张任何权利，参谢在全，《民法物权论》（上），自刊，1992 年，第 54 至 55 页。

⑦ 参林秀雄，《无人承认继承时剩余财产之归属》，《月旦法学杂志》第二十六期，第 60 页。

1. 租赁权无从报明清算，若随标的物归属“国库”而消灭，有所不当。

2. 质权人因质物归属“国库”后，其债权消灭，质权自无所附丽，而“国库”本于原始取得，反有权向质权人请求返还该质物。

3. 为担保债务之履行而有物上保证人或保证人时，因债权人信赖物之保证并未报明，而致债权消灭，有所不当。

4. 被继承人之财产为他人设定抵押时，因他人之债务未届清偿期，抵押权人自无从行使权利，若于清偿期前“国库”为原始取得，则抵押权人亦无从行使抵押权。因而建议为避免与民争利，宜解为债权人或受遗赠人于剩余财产范围内，仍得对剩余财产归属人——“国库”行使其权利。

管见以为林氏过分保护债权人及受遗赠人，本于同一理路，继承人基于继承主体地位亦应得对该遗产主张权利，如斯本条款将形同具文，职是仍以通说为当。

论者有谓若无人出面承认继承时，[①] 因“国库”在法制上非最后顺序继承人，该遗产不得不解为无主财产，此情形遗产管理人究为何人之代理人，资格即有问题？建议将来“立法”上，应以“国库”为最后顺序继承人，以遗产管理人为其法定代理人较为合理。笔者亦表赞同，特别是在“退辅会”行将移交前述财产予“国库”之际，[②] 尤应加强“国库”取得之正当性。

除上揭职务外，苟遗产不敷清偿被继承人债务时，[③] 若不对全体债权人为公平之分配，难令全体债权人满足，遗产管理人应以遗产为破产人，亦即遗产有破产能

---

① 郭振恭等三人合著，《民法继承新论》，三民书局，1993 年，第 281 页。

② 解缴方式依“退辅会”2001 年 2 月 19 日（2001）“辅壹字第二四八四号函”就财产性质之不同区分为：（一）现款：待通知转帐入“退辅会台湾土地银行信义分行代理国库 079-056-000068”账号。（二）不动产：先建立不动产清册及权利基本数据，如有占用应即排除；有借租用者应并附契约，于基本资料备注栏中注明租借面积、月租金、欠租金额及租借期届止日。于登记申请书中登记原因注记“收归国有”，备注栏加注“确依民法第一千一百八十五条规定，于公示催告期限届满，无人承认继承，遗产于清偿债权，并交付遗赠物后，将剩余财产归属国库”（笔者按：亦请参“内政部八十一年五月七日台内字第八一七六五六五号函”），并备妥公示催告裁定（笔者按：以证明何人系遗产管理人，唯毋须确定证明书，请参“内政部 1987 年 6 月 15 日台内字第五一〇四五二号函”）、法院所发无人于公示催告期间承认继承之证明函（系地政机关及遗产管理人为求免责之要求）、公示催告登报证明（报纸复印件已足）、所有权状（以凭变更所有权人为“中华民国”，并加注管理机关为“财政部国有财产局”）等文件办理登记。（三）票券：封缄后标明故去台老兵姓名、票券种类、数量、发行者名称及遗产管理单位，并同步动产数据报“退辅会”待缴。（四）黄金珠宝等动产：以信封封装并注明亡故去台老兵姓名、动产品项、原报清册流水编号、数量、重量或金额，于每一封缄接着处加盖单位主官、承办人、政风及会计印章，亦待通知送缴“退辅会”。

③ 于有继承人时，得依“民法”一千一百五十四及一千一百七十四条规定为限定继承或抛弃继承，请参戴东雄、刘得宽合著，《民法亲属与继承》，五南图书出版公司，1988 年第 320 页；戴东雄，《继承法实例解说》（一），自刊，1992 年，第 150 页；林秀雄，《家族法论集》（三），汉兴书局有限公司，1995 年，第 249 页。

力（Konkursfaehigkeit），[①] 依"破产法"第二条、第五十九条第一项第一款及第二项之规定，向被继承人死亡时住所地之地方法院声请破产之宣告。[②] 唯遍查"退辅会"之"行政院国军退除役官兵死亡善后处理及无人继承遗产管理作业程序"，并未就之有所明文，为避免与债权人滋生争议，建议应增订相关规定。

第四节 "退辅会"处理单身亡故去台老兵遗产事件作业程序

前已叙明在转委任授权下，[③]"退辅会"现行管理单身亡故去台老兵遗产胥依"行政院国军退除役官兵死亡善后处理及无人继承遗产管理作业程序"办理。该作业程序旨在律定善后服务、遗产管理、继承案件审核等之作业规范，以亡故退除役官兵（以下简称亡故去台老兵）在台无继承人、继承人有无不明或继承人因故不能管理其遗产者为其范围。依该作业程序陆、二、（一）3 遗产继承声（申）请之规定，受理申请案件时，为求审慎，要求大陆继承人委托在台代理人之委托书应先经大陆公证机关公证，[④] 并经财团法人海峡交流基金会（以下简称海基会）验证。

这种验证机制，法源依据系"两岸人民关系条例"第七条规定，海基会系该条所谓"行政院"所委托之民间团体，[⑤] 经"行政院大陆委员会"（以下简称"陆委会"）以行政契约委托后，有验证及查证之权。经验证者，推定为真正。

揆其"立法"理由，系因在大陆地区制作之文书是否真正查证不易，爰参酌"民事诉讼法"第三百五十八条及"国家赔偿法"第四条第一项之意旨，为前开之规定。依"两岸人民关系条例"施行细则第七条规定，验证大陆地区制作文书时，应比对其制作名义人签字及封印之真正，或为查证。

而海基会与海峡两岸关系协会（以下简称海协会）于 1993 年 4 月 29 日签订之

---

① 陈荣宗，《破产法》，三民书局，1997 年 11 月，第 122 页。

② 陈计男，《破产法论》，三民书局，1999 年 9 月，第 115 页；耿云卿，《破产法释义》，五南图书出版公司，1996 年 4 月，第 189 页。

③ 虽然本文在第二节末曾对其加以批评，唯若"退辅会"坚持该作业程序为职权命令或行政规则时，则得"回避"该作业程序之在行政法学判断上有效与否的问题。

④ 大陆仅有公证书一种方式，不似台湾采公证及认证二元，论者谓公证业务范围划一，便利公证人及当事人。参胡顺龙，《海峡两岸公证书的效力》（下），《司法周刊》第九一五期。大陆公证制度详细介绍请参次章第二节。

⑤ 参附录三，"行政院大陆委员会"与财团法人海峡交流基金会签订之委托契约及附件。该契约性质请参林金荣，《委托私人行使公权力之理论》（上），《法令月刊》第五十一期，第 375 页。在方式上，学者李惠宗认系在对等关系下所形成之单务行政契约，有法律保留之问题，参李惠宗，《行政法要义》，五南图书出版公司，2000 年，第 404 页；《行政契约之研究》，《中律会讯杂志》，1989 年 8 月号，第 56 页。

《两岸公证书使用查证协议》,[①] 复明确规范了应查证之事由。[②] 对大陆公证书有疑义时，由海基会函请中国公证员协会进一步查证其真实性。该验证仅系形式上核验，至其实质证据力之判断，依同条例施行细则第八条规定，应由法院或主管机关认定，以为文书验证公信力及保障真正权利人权益。[③]

不过实务上每见当事人秉经验证之大陆公证书，即谓有"双重保证"，坚持速发遗产，造成颇多困扰。承前述，实质证据力的把关系在主管机关"退辅会"或法院，并非海基会，遑论中国公证协会。公证书实质证据力所能证明之范围，"以记载于公证书之公证本旨内，公证人所听取之当事人陈述，亲自所见之状况，及其它公证人所实际体验之事项为限"，[④] 尚不遽断该陈述内容确为真正。

大陆公证书依《中华人民共和国民事诉讼法》第六十九条规定："经过法定程序公证证明的法律事实和文书，人民法院应当作为认定事实的根据，但有相反证据足以推翻公证证明的除外。"复依《中华人民共和公证法》第三十六条规定："经公证的民事法律行为、有法律意义的事实和文书，应当作为认定事实的根据，但有相反证据足以推翻该项公证的除外。"论者谓其公证书之效力较台湾地区高强。[⑤] 唯据前"陆委会主任委员"蔡英文表示，[⑥] 大陆公证书常有伪造、内容不实或出具后复撤销者，造成我方法院及主管机关困扰。后者确系的论，盖大陆早期制定公证暂行条例属暂行或试行性质，缺乏周延之规范功能，不仅多所重迭，且法令位阶层次凌乱，并有地方所定公证条例逾越中央母法，造成各自为政之情形，[⑦] 品质难让人放心。现在虽已由暂行性质脱离而成为实定法，但仍有改进空间。

而大陆也不是不抓紧公证业务，在 1990 年 1 月 20 日下发《司法部关于涉台公证工作座谈会会议纪要》(四）办理亲属关系公证应注意之问题中，亦言明应注意对历史线索、证据的调查取证，对于事实不清、证据不足者，不能草率出证。辽宁大学法律系学者刘南征亦从维护当事人合法权益角度，谓大陆公证机关在办理涉台

---

① 参附录三，同年 5 月 13 日"行政院"第二三三一次会议准予备查。盖海基会虽为民间团体，实为当局之白手套，自有监督义务。

② 参见该协议第三条。

③ 蔡英文，"大陆政策与两岸关系答客问"法政类第四说明，2000 年 12 月，该会网站。

④ 郑云鹏，《谈公证书之证据力》《再谈公证书之实质证据力兼论公证人之审查权》，分见《司法周刊》第八八四、九四二期。不同见解，赵原孙，《公证书的实质证据力——兼评最高法院八十六年台上字第二一四二号民事判决》，《法令月刊》第四十九卷第十二期，第 28 页以降。

⑤ 胡顺隆，《海峡两岸公证书的效力》(上)、(中)，分见《司法周刊》第九一三、九一四期。

⑥ 蔡英文，"大陆政策与两岸关系答客问"法政类第四说明，2000 年 12 月，该会网站。

⑦ 谢福源，《大陆地区公证制度之介绍》，《律师杂志》，第二二七期，第 38 页。

公证时，须从实际的可行性出发，在不违反大陆法律、政策的原则下，根据需要出具公证书。[①] 而笔者于 2013 年 8 月参加“第二届两岸和平发展法学论坛”时，上海市杨浦公证处蔡煜副主任公证员亦于论坛中表示现况已改善甚多。

有鉴于两岸公证书的问题，台湾“司法院”于 1993 年 6 月 7 日以“（八二）院台厅民三字第〇九四八七号函”发布“法院办理两岸公证书使用查证协议应行注意事项”，[②] 依“两岸人民关系条例”施行细则第八条规定，力谋大陆公证书之实质证据力，不受其形式上拘束。

“退辅会”则在“行政院国军退除役官兵死亡善后处理及无人继承遗产管理作业程序”陆、三（二）3 继承案件审核步骤及要领中，明文规定严格审查，并列举堂堂十项重点：

“1. 检试档案，有关治丧会议记录、遗嘱、大陆亲友信函、探亲记录及大陆亲属等数据，与亲属关系公证书详细核对，以鉴定继承人之真伪。如遗产金额在新台币一百万元以上继承案件，应再查询亡故去台老兵亲友，以了解实情。

2. 亡故去台老兵除户誊本所载年籍、出生别、出生地、配偶、父母等亲属关系公证书是否相符。

3. 继承人是否符合民法第一一三八条继承顺位之规定？

4. 除户誊本，如欠缺相关亲属之记载，函请原服务军种总部或国防部查询，以核对亲属关系是否真实。

5. 继承人与亡故去台老兵之年龄差距与籍贯是否有违常理？公证书述否述明？

6. 继承人如为养子女，应符合民法第一〇七三、一〇七九条之规定：收养者之年龄长于被收养者二十岁以上，收养子女应以书面为之。

---

① 参刘南征，《涉台公证中遇到的几个法律问题》，《中国法学》，第三期，第 99 页。

② “陆委会”，《大陆工作法规汇编》，自刊，1985 年出版，第 6 至 39 页。

7. 被继承人之配偶单方重婚，[①] 仍健在，有无抛弃继承之表示？

8. 公证书内容是否涂改，校对章是否真实。

9. 查明有无代位继承及辗转继承之事实存在。

10. 其它事项。”

这样的查验项目，亦反映在“退辅会”对申请案件所为的内部审核表，不可谓不慎重。

至申请继承遗产的程序，从申请人的角度而言，有下述步骤：[②]

1. 由受托人向相关单位申领亡故去台老兵死亡证明书，并同个人身份证复印件，寄交大陆继承人据向该省、市（县、市）公证处，申办亲属关系公证书及委托公证书各二份。

2. 由受托人（即代理人）将大陆寄来之“亲属关系公证书”及“委托公证书”正本持往海基会（台北市民生东路三段一五六号，或该会南部服务中心：高雄市前金区成功一路四三六号四楼）验证，并各取得证明。

3. 检具亲属关系公证书、委托公证书、海基会证明洽亡故者户籍乡、镇、市、区户政事务所申报死亡登记，并申领除户誊本。

4. 再检具右列公证书、证明、誊本及填妥继承系统表各一份，向亡故去台老兵住所地地方法院具状声请继承（全部继承人为声请人，受托人为代理人，且应于亡

---

① 两岸重婚问题，“司法院大法官会议释字第 242 号解释”谓其系“国家”遭遇重大变故，在夫妻隔离，相聚无期之情况下所发生，与一般重婚事件（参“释字第 362 号解释”）究有不同，而例外肯认后婚效力；文献及相关批评甚伙：吴明轩，《重婚效力之探讨》，《月旦法学杂志》第七十期，第 116 至 126 页；蔡辉龙，《论海峡两岸亲属法制》，五南图书出版公司，1994 年，第 57 至 87 页；高凤仙，《亲属法——理论与实务》，五南图书出版公司，1998 年，第 55 页；杨芳婉，《两岸婚姻法与情》，永然文化出版有限公司，1995 年，第 34 页；约翰林，《海峡两岸双重婚姻之抗争——最高法院判决撤销在台之重婚于方法论上之探讨》，《民事法理与判决研究》，自刊，1998 年，第 327 至 356 页；杨昌国，《海峡两岸双重婚姻之法内情——司法院大法官会议第 242 号解释方法论上之检讨》，《务实法学基金会判解研究汇编》（一），自刊，2001 年，第 259 至 277 页。影响所及，“两岸人民关系条例”第六十四条就之系“民法”第九百八十五条之特别规定。“大法官会议”于 2002 年底以“释字第 552 号”进一步补充“362 号解释”所称“类此之特殊状况”之意涵，认为“其所称类此之特殊情况，并包括协议离婚等其它足以使第三人产生信赖所导致之重婚在内。就协议离婚言，虽基于当事人之合意，但依民法第一千零五十条规定应为离婚之户籍登记，第三人对此离婚登记之信赖，亦应同受保护。惟婚姻不仅涉及当事人个人身份关系之变更，且与婚姻人伦秩序之维系、家庭制度之健全、子女之正常成长等公共利益攸关，后婚姻之当事人就前婚姻关系消灭之信赖应有较为严格之要求，仅重婚相对人之善意，尚不足以维持后婚姻之效力，须重婚之双方当事人均为善意且无过失时，后婚姻效力始能维持，以免重婚破坏一夫一妻婚姻制度”。另《中华人民共和国婚姻法》第二条第一款亦系一夫一妻制，重婚列为公诉罪，无类我有例外之例，张耿铭，《大陆法遏阻重婚、同居歪风，非婚生子女与婚生子女享同等权利》，《联合报》2001 年 4 月 30 日，第十五版。

② 参“退辅会”于《荣光周刊》第一八三一期第三版“我们的服务”之说明。

故日起三年内声请，逾期视为放弃）。

5. 俟法院裁定通知继承声请案“准予备查”后，即向各地“退辅会”赡养或服务机构查询遗款数，向亡故去台老兵户籍乡、镇、市、区公所财政课，申领遗产税免（完）税证明。

6. 以上步骤均完成后，即检具全部证件（详如第八项），向故员户籍县市“荣民服务处”提出故员遗产继承申请案。

7. 继承证件经审查合于规定后，待“公示催告”期满及完成“债务清偿”“遗赠物交付”，始由“荣服处”陈报“退辅会”第一处复审或通知切结具（代）领故员全部遗款（含不动产拍卖款）。

8. 继承应备证件（各乙份）：

（1）亲属关系公证书。

（2）委托公证书。

（3）海基会验证对前开公证书验证证明。

（4）故员除户誊本。

（5）继承系统表。

（6）法院准予备查通知。

（7）遗产税免税证明。①

（8）代理人户籍誊本。②

（9）切结书。

其中法院准予备查通知，依“两岸人民关系条例”第六十六条第一项前段、同条例施行细则第四十三条规定，大陆地区人民继承台湾地区人民之遗产，应于继承开始起三年内，检具声请书、被继承人死亡时之全户户籍誊本、继承系统表及符合继承人身份之证明文件，向继承开始时被继承人住所地之法院为继承之表示。依台湾“高等法院八十九年度家再抗字第八号裁定”，前开声请书，应载明为继承表示之意旨及其原因、事实与供证明或释明之证据，且其身份证明文件，应经“行政

① 该证明于两岸阻隔时期依“财政部 1978 年 5 月 31 日台财税地三三五四三号函”见解，系应由“退辅会”径代申报。于“两岸人民关系条例”通过后，依该部门 1996 年 1 月 2 日“台财税八六一九三三四一五号函”：在有继承人向法院声明继承表示，经裁定准予备查者，由继承人（之在台代理人）申报；如无继承人承认继承申领遗产，可延长至公示催告期限届满一个月内，由遗产管理人向税捐稽征机关提出申报（参“辅导会”2000 年 3 月 21 日“（八九）辅壹字第 04790 号函”）。唯大陆继承人既得于去台老兵亡故三年内表示继承，苟依后者说明，可能生已逾公示催告，仍在继承表示期限内，双方却均未申报之情形。是以在管理机关审查上，不强要求该证明，因容系管理机关之义务。

② 该文件非“退辅会”明示必要者，唯尽可能要求之。

院”设立或指定之机构或委托之民间团体验证。

另依“司法院1995年7月7日(八四)秘台厅民三字第一二六八二号函”：“法院对于大陆地区人民依台湾地区与大陆地区人民关系条例第六十六条规定声请继承事件所为之裁定，性质上虽系非讼裁定，无实质上之确定力，惟在未经依法定程序撤销以前，其拘束力仍属存在。来函所述居住于大陆之郑女士及其子女等七人声请继承故去台老兵卢君之遗产事件，业经台湾板桥地方法院于八十四年四月二十六日裁定驳回，该项裁定如未经抗告，形式上已为确定，即有其拘束力，不发生可否办理继承及如何交付遗产等问题。”知该准予备查“通知”应属非讼“裁定”。唯实务上法院似多未细究声请人系真正继承人与否，纵“司法院函”颁“法院办理两岸公证书使用查证协议应行注意事项”，笔者少见有驳回声请者（少数例子例如台湾“高等法院八十九年度家再抗字第八号裁定”），甚而见有牛头不对马嘴者（如南投地院曾将大陆继承人地址误缮为“台湾省南投县青岛市……”之裁定，当事人无所适从，更无从秉之申请继承）“是以凭此准予备查之通知，尚不足以认为上诉人系合法继承人之全部，是被上诉人均质疑上诉人非为继承人全部一节自非无稽”。(参台湾“高等法院八十七年度家上字第五号判决”)，对外仅以准予备查“通知”送达当事人而已。

而当事人常误以为有经海基会验证之大陆公证书，并经法院准予备查者，即有“三重保证”，“退辅会”即应给钱（遗产），迭生困扰。笔者认该准予备查通知性质既系裁定，就应以裁定称之，且应审慎为之，不宜穿上“通知”之外衣，而事涉争议时诿称形式审查。早期甚而见有以准予备查“函”称之者（参台湾“高等法院八十七年度家抗字第一三〇裁定”），[①] 此将令当事人更加以为性质系属司法行政之范畴。唯查近年实务已有所改善，当事人抗告时均以裁定称之，其为“诉讼法”之当然。

而从管理机关角度来看，若审核认前述步骤不齐全或资料有所欠缺时，系退回代理人补正或循司法程序解决。[②] 若审核认前述步骤已齐全或资料形式上无欠缺，即函请大陆继承人回函确认。两岸由于距离上关系，通常要于数周甚至更久之后才会收到大陆继承人回函确认，经查核审认后，遗款金额新台币（下

---

① 按通知或函纵名称不同，实均系裁定性质。而在经验上，某些谨慎之法官尚会函询（如投院鸣民诚九十声继七字第一二七一一号函询“退辅会南投荣民服务处”）遗产管理人单身亡故去台老兵是否有在台继承人、债权人或受遗赠人，俾凭是否准予继承。

② 参图3-3审理单身亡故去台老兵遗产继承标准作业程序，引自“退辅会”，《服务机构标准作业程序》，自刊，2000年9月，第51页。

同）一百万元（含）以上者，应由“退辅会”各赡养或服务机构将初审结果及档案卷宗报该会第一处复审；遗款金额一百万以下者，径由前揭机构径行审查、核定及发还。

这种复审机制是否该当于多阶段行政处分（mehrstufiger Verwaltungsakt）？容有讨论空间。按其系相对于单阶处分（einstufige Verwaltungsakte），后者之作成不受其他机关掣肘；前者则谓在完成一对外发生法律效果之行政处分前，须经多个独立行政行为阶段，故称为多阶段处分 。在未获得其他机关协力前，该行政处分效力未定，苟职权机关将之以独立之行政处分发布，则属违法。唯为保护法安定性，应认仅发生得撤销之效果。是以若在肯认其系多阶段行政处分前提下，苟遗款逾一百万元之继承案件遗产管理人未报“退辅会”复审而径予发放者，并非无效，得依“行政诉讼法”第四条规定提起撤销之诉。

然实务否认其公法性质，认部分法院有所违误（参“最高法院八十三年度台上字第二七一五号判决”）。笔者认该争议牵涉台湾向对公私法区分认知之混乱所致，于第四章第三节将详述。在定位上，仍以实务见解为宜，非为行政处分，遑论依前述有成为多阶段行政处分之可能。继承人或在台代理人就“退辅会”复审同意或不同意之意见，因其非行政处分，不得提起行政争讼。唯若对遗产管理人其他涉及公法上的“处分”不服时，行政法院应一并审查协力机关之同意或不同意，并命有同意权之机关参加诉讼。[①]

该处就前揭机构初审结果严格把关，常能耙梳出初审之弊端。盖前揭机构第一线之承办人员多系行伍出身，[②] 相关法令知识不足，常“在错误中学习”，但错误的代价就是耗费太多的力气在与当事人的争讼上。笔者以“去台老兵 & 遗产”为关键词，于 2014 年 6 月底搜寻台湾“司法院”网站民事类有关台湾台北地院、新北地院及高雄地院（这三个单身去台老兵最多的台湾城市）近年来相关判决查询的结果，[③] 即分别有 876、412 及 387 笔判决，预估全台总和应逾 3,000 件。苟能提升承

① 陈敏，《行政法总论》，自刊，1999 年，第 320 页。相关概念参吴庚，《行政法之理论与实用》，增订六版，自刊，2001 年，第 329 页；蔡志方，《行政救济与行政法学》（三），学林文化事业有限公司，1998 年，第 495 至 498 页；葛克昌，《租税债务不履行与限制出境》，《月旦法学杂志》第七十期，第 26 页；“行政法院八十二年判字第一八二二号判决”，1983 年 11 月、1994 年 3 月庭长评事会议决议；“大法官释字 345 号解释”。

② 相较于其它行政机关人员多系一般大学院校学历或高普考及格者，彼等多系退伍特考及格者，专业知识不足（参“退辅会”2001 年 4 月 17 日 2001 年亡故去台老兵善后服务暨遗产管理讲习北中部地区建议问题答复表第十二项），不得不仰赖“退辅会”各“荣服处”或赡养机构所聘之法律顾问应急。

③ http://jirs.judicial.gov.tw/FJUD/。

办人员素质，加以适当教育训练，依法行政，其成本将远低于聘请律师诉讼及耗费宝贵的司法资源。

图 3-3　审理单身亡故去台老兵遗产继承标准作业程序

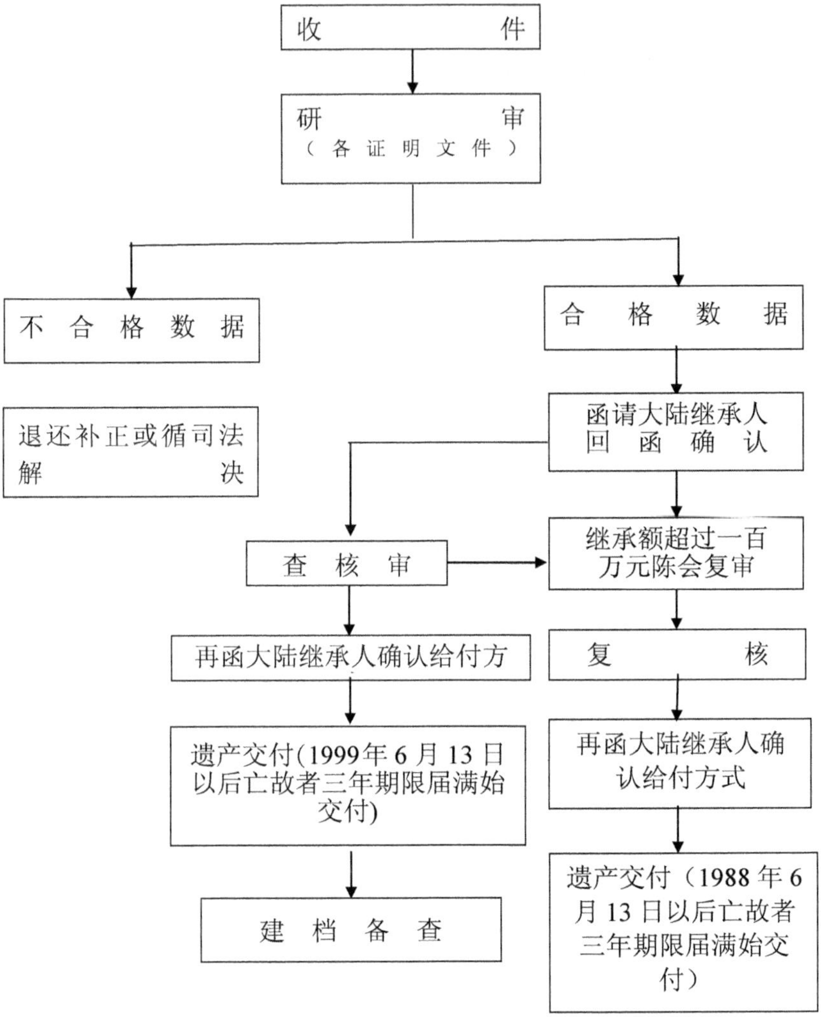

在前揭机构或辅导会第一处审核通过后，尚须再次函请大陆继承人确认给付方式。该作为目的在使大陆继承人能依其意思顺利取得遗产。于大陆同胞来台尚多限制下，现阶段仍以渠等在台代理人领取为原则。

整个申请程序的最后一个动作系原则上在台代理人应先领取亡故去台老兵骨

灰，[①]始得领取遗产；例外情形则为申请继承初始，经检具相关数据，足资证明为继承人者，得先行领取骨灰，嗣再践行前揭程序。管理机关应先发函骨灰存放单位，准由代理人领取之。

遗产审核通过后，依“行政院国军退除役官兵死亡善后处理及无人继承遗产管理作业程序”第陆章第五节之规定，应函请代理人（副知继承人）于一定期间内，检具领据、切结书及保证书等以领取遗款。交付遗产时，尚应拍照存证。于遗产发还后一个月内，管理机关将前揭书据及照片报“辅导会”第一处存档结案。

关于交付时点，“退辅会”曾于1999年5月11日以（1999）“辅壹字第〇七九六四号令”公布修正“退除役官兵死亡无人继承遗产管理办法”第七条，规定于1999年6月13日以后亡故者，应俟继承期限（三年）届满后，始得交付遗产。该条仅于第一项列举两款除外情形：

1. 经法院判决应移交遗产；

2. 公示催告期间届满，可能在继承表示期间届满之后者，移交之遗产，则于公示催告期间届满后办理。

其系比照“国有财产局”遗产移交期限，旨在齐一行政机关之整体作业程序，并避免旧制若于公示催告届满时，[②]即行移交遗产，在继承表示期间届满前复有大陆人民申请继承，将生无遗产可移交之情形。[③]

---

① 单身亡故去台老兵以火化葬厝于军人公墓、公立纳骨塔为原则，参“行政院国军退除役官兵死亡善后处理及无人继承遗产管理作业程序”第叁章第四节。

② 参图3-4单身亡故去台老兵遗产处理流程图。改绘自古锦祥，《如何维护在台单身亡故荣民之大陆亲属权益》，“退辅会1998年研究年报”，1999年6月出版，第6页。

③ 参“辅导会”2000年1月28日（2000）“辅壹字第〇一五九〇号函”。

图 3-4　单身亡故去台老兵遗产处理流程图

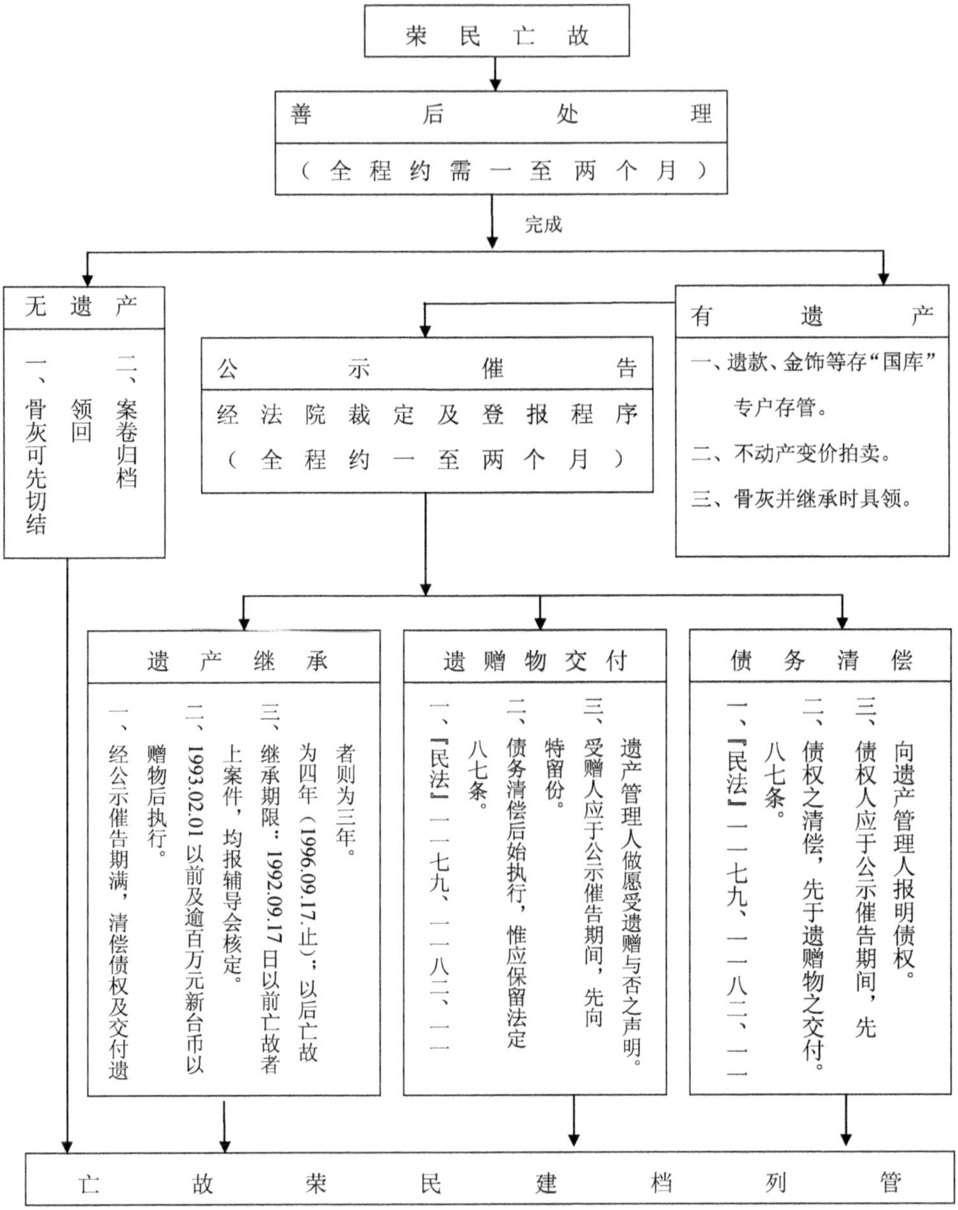

第四章　单身亡故去台老兵遗产管理实务问题与争议

第一节　绪说

在"退辅会"（所属服务、赡养机构）依"两岸人民关系条例"第六十八条为法定遗产管理人，依法执行职务时，常因错综复杂法规间的纠葛与其他机关见解不一致生问题及争议。在"退辅会"本身职务执行之内容与困难，前章已有论及，此不另赘述。于本章中，则进一步深探实务所遇问题及争议。由于所涉广袤，本章仅就具代表性者加以析论。

在论述的分配上，首先于第二节中，就"退辅会"对外行使遗产管理人职权时与其他权利人（地政机关、遗嘱执行人、破产管理人）发生龃龉情形探讨，[①]并提供解决建议；继而于第三节部分细论在审查大陆委托公证书及亲属关系公证书时所生真伪不明或不实等争议，突显审查作业困难；最后在第四节部分针对实务上历来就此等事件公、私法性质见解之混乱从行政法观点加以评述。

透过此等具代表性问题的分析及讨论，并辅以相关法院判决及行政机关函释之说明，相信主管机关得有所警惕，对症下药，进而调整作为，以符法制。

---

① 其实不仅于此，例如单身亡故去台老兵之债权人或利害关系人依"强制执行法"第五条第四项规定声请执行法院选任特别代理人管理遗产后，始知"退辅会"所属之赡养及服务机构为遗产管理人，亦产生彼此职务竞合之情形。唯因乏相关实务及学说见解，仅以括号所举论述。

第二节 “退辅会”与其他财产管理人职务竞合之情形

第一项 与地政机关间

依“土地法”第七十三条之一规定：

“土地或建筑改良物，自继承开始之日起，逾一年未办理继承登记者，经该管直辖市或县市地政机关查明后，应即公告继承人于三个月内声请登记；[①] 逾期仍未声请者，得由地政机关予以列册管理。但有不可归责于声请人之事由，其期间应予扣除。

前项列册管理期间为十五年，逾期仍未声请登记者，由地政机关将该土地或建筑改良物清册移请国有财产局公开标售。[②] 继承人占有或第三人占有无合法使用权者，于标售后丧失其占有之权利；土地或建筑改良物租赁期间超过五年者，于标售后以五年为限。

依第二项规定标售土地或建筑改良物前应公告三十日，继承人、合法使用人或其它共有人就其使用范围依序有优先购买权。但优先购买权人未于决标后十日内表示优先购买者，其优先购买权视为放弃。

标售所得之价款应于国库设立专户储存，继承人得依其法定应继分领取。逾十年无继承人申请提领该价款者，归属国库。

第二项标售之土地或建筑改良物无人应买或应买人所出最高价未达标售之最低价额者，由国有财产局定期再标售，于再行标售时，国有财产局应酌减拍卖最低价额，酌减数额不得逾百分之二十。经五次标售而未标出者，登记为国有并准用第二项后段丧失占有权及租赁期限之规定。自登记完毕之日起十年内，原权利人得检附证明文件按其法定应继分，向国有财产局申请就第四项专户提拨发给价金；经审查无误，公告九十日期满无人异议时，按该土地或建筑改良物第五次标售底价分算发给之。”

可知在无人继承或继承人系大陆地区人民时，苟未及于同条第一项期间申请办理继承登记者，直辖市或县市地政机关将予列册管理，此际彼等机关即为该不动产之管理人，与“退辅会”(所属服务、赡养机构）发生管理人竞合之情形。

该条系 2000 年 1 月 26 日修订，原条文系 1975 年增订：[③]

① 应为“申请”，对法院始为“声请”，“立法”诸公容有舛误。

② 2013 年后组织改造为“国有财产署”。

③ 为执行该条规定，“内政部”1979 年颁订（1986 年修正）有“未办继承登记土地处理要点”。请参王泽鉴，《民法物权第一册——通则、所有权》，自刊，1992 年 9 月，第 92 页。

“土地或建筑改良物，自继承开始之日起，逾一年未办理继承登记者，经该管市县地政机关查明后，应即公告继承人于三个月内声请登记；逾期仍未声请者，得由地政机关予以代管。

前项列册管理期间为九年，逾期仍未声请登记者，径为国有登记。

市、县地政机关对于第一项代管之土地或建筑改良物，得为使用、收益或管理上之必要处分。代管所得收益扣除代管费用及代缴各项税款后，如有剩余，应予提存。”

地政机关系以“代管”方式为之。所谓代管，指为继承人之利益，代为管理逾期未办理继承登记之土地或建物，法律性质系属公法上之行政处分，[①] 与私法上之代理行为不同。依原条文之规定，自继承开始后已逾十年三个月者，为加强土地登记之强制作用，及敦促继承人对于其未办继承登记之土地尽速申办，该管地政机关得依职权嘱托登记机关径为“国有”之登记。[②]

唯该条文自施行以来几未见有秉之而登记“国有”者，且实际上地政机关未实质代管，仅于登记簿誊本中为代管之注记，是以在 2000 年修订规则时，将此不具实益之规定修订为由地政机关予以列册管理，并将逾期未申请登记之法律效果更易为移请“国有财产署”公开标售。

然此未能解于“退辅会”（所属服务、赡养机构）任遗产管理人时依该会“行政院国军退除役官兵死亡善后处理及无人继承遗产管理作业程序”及“民法”第一千一百七十九条第二项后段为遗产之变卖，此际究由何人为之？恐生争议。笔者以为“退辅会”（所属服务、赡养机构）依“两岸人民关系条例”立于“特别法”之地位，应优先适用，由其进行该遗产之管理（如应先办理遗产管理人登记）。

第二项　与遗嘱执行人间

遗嘱执行人（Testamentsvollstrecker，executor of will）谓为遗嘱之执行，而被指定或选定之人。[③] 遗嘱之执行，本由继承人为之，最为妥适，唯遗嘱之内容如与继承人之利益相反、继承人为无行为能力人或缺乏事务经验者，则不适宜担任此项职务。是以民法特设遗嘱执行人制度，以期遗嘱之执行能迅速确实。

---

① 李鸿毅，《土地法论》，“中国地政研究所出版”，1995 年，第 302 页；杨松龄，《实用土地法精义》，五南图书出版公司，2000 年 8 月，第 157 页。至于行政处分之定义，自“司法院大法官会议释字 423 号解释”后已渐行扩张，现已落实于“行政程序法”第九十二条及“诉愿法”第三条规定。

② “土地登记规则”第三十条第二款规定。请参黄志伟，《不动产登记理论与实务》（下），永然文化出版股份有限公司，1994 年，第 122 页。

③ 定义及相关论述请参阅郭振恭等三人合著，《民法继承新论》，三民书局，1993 年，第 376 页。

而遗嘱执行人的产生，依“民法”第一千二百〇九条第一项规定，由遗嘱人指定或委托他人指定；[①] 苟未能依前述为之，则依同“法”第一千二百十一条规定，由亲属会议选定，不能由亲属会议选定时，始由利害关系人声请法院指定。

至于遗嘱执行人之职务，[②] 依现行规定，概有：

1. 编制遗产清册（“民法”第一千二百十四条规定）。

2. 有管理遗产并为执行上必要行为（同“法”第一千二百十五条第一项规定）。

3. 继承人妨害之排除（同“法”第一千二百十六条规定）。

在第一点职务上，学者认为二者有如下差异：[③]

（一）编制者不同：在遗嘱执行上，由遗嘱执行人编制遗产清册；在无人承认继承时，由遗产管理人编制。

（二）编制期间不同；前者无期间限制；后者须于就职后三个月内编制。

（三）编制必要性不同：前者限于有必要时；后者无论有无必要皆须编制。

（四）编制范围不同：前者仅就与遗嘱有关之财产编制；后者须就被继承人所遗全部财产（包含债务）编制。

（五）记载与实际不符之效果：前者法无制裁规定；后者亦未见明文，唯有不实者，亲属会议或利害关系人得督促或纠正之。

而第二点之职务即与遗产管理人发生竞合，厥为本项探讨之焦点。[④]

在遗嘱执行人与抛弃继承时之遗产管理人并存时，倒较易解决。盖此时后者乃避免由继承人管理遗产之混乱，即主要为确实实现法定继承而被选任者，其权限原则上仅限于保存行为，前者存在与后者权限并不抵触。然关于遗嘱执行人所管理遗产之保存行为，二者权限发生重复，论者谓不致有多大弊害，[⑤] 可解为遗嘱执行人

---

① 外国立法例中德国民法，第二千一百九十八条、日本民法第一千零六条、韩国民法第一千零九十三条有类似规定；相对于此，瑞士民法第五百十七条及法国民法第一千零二十五条则无委托他人指定之规定，参前注书，第 383 页。

② 依“大法官”戴东雄教授见解，在严格意义之下，未必可谓与继承人间有委任关系，唯毕竟系为他人处理事务，故类似于委任关系。因此，得将委任之规定，准用于遗嘱执行人，德国民法第二千二百十八条、日本民法第一千零十二条第三项有类似规定。例如：遗嘱执行人处理事务，应以与处理自己事务同一注意为之（“民法”第五百三十五条）；处理事务之报告（“民法”第五百四十条）；因处理事务所得之收益、孳息及权利，应交付或移转于继承人（“民法”第五百四十一条）；挪用款项之赔偿（“民法”第五百四十二条）；垫借款项之偿还请求（“民法”第五百四十六条）等。参戴东雄等著，《中国继承法》，自刊，1992 年，第 283 页。

③ 参郭振恭等三人合著，《民法继承新论》，三民书局，1993 年，第 393 页。

④ 另请参林秀雄，《遗嘱执行人之地位》，《月旦法学杂志》第二二期，第 44 页。

⑤ 郭振恭等三人合著，《民法继承新论》，三民书局，1993 年，第 378 页。

之权限优先。

至于在无人承认继承，特别是本文所探讨之情形，则显有争议：

甲说：[①] 该遗产管理人以清算遗产为主要职务，其中亦包含受遗赠物之交付，因而乍见遗产管理人之地位似优先于遗嘱执行人。然前者之权限原则上限于为保存遗产必要之处置（“民法”第一千一百七十九条第一项第二款），其变卖遗产，须经亲属会议之同意（同条第二项后段）。而此际关于遗产之处理，乃属法定继承之一环或延长，从而或可认为有遗嘱执行人存在时，应由遗嘱执行人实现遗嘱。盖就遗嘱之执行，承认两者之并存，祇会混乱关于遗嘱之法律关系。是以实务认为：“按退除役官兵死亡而无继承人、继承人之有无不明或继承人因故不能管理遗产者，由主管机关管理其遗产，台湾地区与大陆地区人民关系条例第六十八条定有明文。又依行政院核定之退除役官兵死亡无人继承遗产管理办法第四条规定，亡故退除役官兵遗产，由行政院国军退除役官兵辅导委员会（下称辅导会）所属安置机构为遗产管理人；亡故退除役官兵未安置者，以其住所地退除役官兵服务机构为遗产管理人。查参加人辅导会○○荣民自费赡养中心为依辅导会组织条例第十六条规定，采部分供给制（自费）所设置之安置机构，有辅导会去台老兵自费赡养中心组织规程第一条之规定可凭。已故退除役官兵张○○既为参加人安置之荣民，且系大陆来台，有无继承人不明，依上开说明，应由参加人为其遗产管理人。虽依民法第一千一百七十九条、第一千二百十五条之规定，遗产管理人、遗嘱执行人均有管理遗产之权限。惟本件参加人并非全体继承人抛弃继承时之遗产管理人，而系无人承认继承（即继承人有无不明）时之遗产管理人。而无人承认继承之遗产管理人之职务中，有依民法第一千一百七十八条规定，声请法院依公示催告程序，定六个月以上之期限，公告继承人，命其于期限内承认继承，对继承人为搜索，及依同法第一千一百七十九条规定，声请法院依公示催告程序，限定一年以上之期间，公告被继承人之债权人及受遗赠人，命其于该期间内报明债权，及为愿受遗赠与否之声明，并清偿债权或交付遗赠物，进行清算程序，而遗嘱执行人并无上开权限。且遗嘱执行人之任务，主要系依遗嘱之内容执行交付、分配遗产。惟本件系无人承认之继承，于继承人未经过搜索程序确定及遗产未经清算程序确定其内容范围之前，遗嘱执行人尚无法具体实现分配遗产与继承人或受遗赠人之任务。是应先由遗产管理人践行搜索继承人及清算程序，而后由遗嘱执行人为遗嘱之执行，遗嘱执行完了时，再由

① 同前注书，第378至379页。

遗产管理人对于未于公告期间为报明或声明之债权人或受遗赠人偿还债务或交付遗赠物，为最后之清算程序，在遗产管理人为搜索继承人及清算程序期间，遗嘱执行人之权限暂被停止。张〇〇在台既无继承人可以管理其遗产，应由主管机关即参加人为其遗产管理人，已如前述，是于参加人以其为遗产管理人，就张〇〇之遗产践行继承人之搜索及清算程序前，上诉人尚不得以遗嘱执行人之身分，就该遗产为管理之行为。从而上诉人主张其系张〇〇之遗嘱执行人，请求被上诉人给付系争存款及其利息，自属无据。爰维持第一审所为上诉人败诉判决，驳回其上诉。经核于法洵无违误。至遗产及赠与税法第六条，仅系关于遗产税之纳税义务人之规定，而非有关遗嘱执行人与遗产管理人并存时之权限规定。上诉论旨，徒执陈词指摘原判决违法，声明废弃，不能认为有理由。”①

乙说：②“司法院 1992 年 2 月 27 日（八一）秘台厅民一字第〇二六九六号函”谓：“遗嘱执行，限于有继承人时，遗嘱执行人为管理遗产并为执行，此观民法第一千二百十五条第一项、第一千二百十六条文义自明。且在继承人有无不明时，遗产管理人之职务，依同法第一千一百七十九条第一项第三、四、五款规定，以仅在清偿债权或交付遗赠物、遗产移交，此与遗嘱执行另就遗产运用为细部规划者，法定职务略有不同。次就体系解释言，亦应分别适用各节不同规定。又观同法第一千一百七十七条、第一千一百七十八条，应于遗产管理人选定或选任后，法院始为继承人搜索。遗产执行人及遗产管理人职务既有所不同，于遗嘱执行时，法无明文规定得为继承人搜索，应认系法有意省略，自不得类推适用民法第一千一百七十八条规定。此际，仍应遵行无人承认继承法定程序，于选定、选任遗产管理人后，始由法院为继承人搜索。”亦即两者职务不同，有同时存在之必要。“最高法院八十九年度台简上字第二十九号判决”：“原审系以遗产管理人与遗嘱执行人系属不同之概念，且二者亦非不能并存，因认在无人承认继承，而立有遗嘱之情形，非不得选任遗产管理人，因此尚难以遗嘱执行人可管理于遗嘱有关之财产，即谓原判决上开适用法规显有错误。遗产及赠与税法第六条，并非就遗嘱执行人管理遗产而为规定，原判决认依上开法条规定，尚不得谓遗嘱执行人有管理全部遗产之权限，并无适用法规错误。”亦同此旨。

丙说：依“司法院 1994 年秘台厅民三字第一七六六九号函”，单身去台老兵死

---

① “最高法院 1996 年 4 月 5 日八十五年台上字第六八四号判决”，笔者认此可简称“大队接力”式。

② 笔者认此可简称“和平共存”式，唯未能解决实务上争议。

亡，依“两岸人民关系条例”第六十八条第一项规定，应由“退辅会”管理遗产。唯去台老兵生前如以遗嘱指定遗嘱执行人，即无“两岸人民关系条例”之适用。本说系采遗嘱执行人优先说。

丁说：依“陆委会1998年1月19日（八七）陆法字第八六一六五一九号函”释：“按被继承人在台湾地区之遗产，全部由大陆地区人民依法继承者，为使大陆地区继承人及有此期待权利之人获得公平之保障，并健全遗产之管理，爰明定（两岸人民关系条例）第六十七条之一第一项规定。其次，鉴于民法第一千一百七十七条、第一千一百七十八条第二项及非讼事件法第七十九条第一项规定等选定或声请法院选任遗产管理人程序既复杂又耗时，无法因应亟待处理丧葬及遗物之迫切需要，特明定第六十八条第一项规定。揆诸前揭立法说明，两岸人民关系条例第六十七条之一第一项及第六十八第一项规定，系就大陆地区人民继承台湾地区人民遗产管理所为之特别规定，自有优先其它法令之效力。有关函询具去台老兵身分之被继承人仅有大陆地区继承人，并立有遗嘱指定遗嘱执行人，究应由遗产管理人行政院国军退除役官兵辅导委员会或遗嘱执行人管理遗产一节，仍应由遗产管理人政院国军退除役官兵辅导委员会管理遗产为妥。”知采法定遗产管理人优先说。

由上述各说可知实务见解之紊乱，诚可谓众声喧哗。[①] 各说虽均有所本，唯甲说未能廓清二者职务重叠部分，乙说未充分解释如何分工，丙说参诸台湾“高等法院八十九年家上字第二〇八号判决”，知丙说并实无可取：“依两岸人民关系条例第六十八条第一项、第三项规定‘现役军人或退除役官兵死亡而无继承人、继承人之有无不明或继承人因故不能管理遗产者，由主管机关管理其遗产’、‘第一项遗产管理办法由国防部及行政院国军退除役官兵辅导委员会分别拟订，报请行政院核定后发布之’。”由是观之，凡为现役军人或退除役官兵死亡而无继承人、继承人之有无不明或继承人因故不能管理遗产者，概由主管机关即“行政院国军退除役官兵辅导委员会”辖管之各“荣民服务处”管理；此乃系“民法”相关规定之“特别法”，且系强行规定，自不得由被继承人依“民法”或其自主原则，予以排除，换言之，

---

① heteroglossia或polyphony，为文化研究（cultural study）学之用语，系俄国二十世纪最重要之思想家巴赫汀 Mikhail Bakhtin 自创（俄文 raznorechie），强调众声喧哗是各种社会利益、价值体系话语所形成的离心力量，向语言单一的中心神话、中心意识形态的向心力量提出强有力的挑战。任何一个“我”都是不同语言与思想冲击下流动的存在，人类主体与语言都没有所谓纯粹或统一（unity）可言，相关论述可参 www.shef.ac.uk/uni/academic/A-C/bakh/bakhtin.html 网站。在法律的文化研究（cultural study of law）上，更应如此为之，避免一言堂现象。唯在实际上，囿于台湾本土法学界近亲繁殖，似不太能心平气和地对待异声杂鸣。

“两岸人民关系条例”条文之效力较“民法”之效力优先适用；且“行政院大陆委员会”亦于 1998 年 1 月 19 日以“八十七（八七）陆法字第八六一六五一九号函”明确释示“具去台老兵身分之被继承人仅有大陆地区继承人，并立有遗嘱指定遗嘱执行人，究应由遗产管理人行政院国军退除役官兵辅导委员会或遗嘱执行人管理遗产乙节，仍应由遗产管理人行政院国军退除役官兵辅导委员会管理遗产为妥”，足见法定遗产管理人应优先意定遗产管理人或遗嘱执行人管理遗产。

又“司法院（八三）秘台厅民三字第一七六六九号函”虽有如上诉人所主张“退除役官兵生前如经以遗嘱指定台湾地区之遗嘱执行人或遗产管理人应无该条之适用”之意旨。唯前开函文并非法律，其适用当不得抵触“两岸人民关系条例”暨由主管机关所颁布之“退除役官兵死亡无人继承遗产管理办法”之规定；虽上诉人以“中华民国宪法”第七十八条规定“司法院解释宪法并有统一解释法律及命令之权”。而“大陆委员会”并无“解释法律及命令”之法律依据，故其“意见”并无拘束力等资为抗辩，唯查，“宪法”第七十八条所称“司法院有统一解释法律及命令之权”系指“中央”或地方机关就其职权上适用同一“法律”或命令发生见解歧异时，“司法院”依其声请，所为之统一解释而言（见 1984 年“大法官会议第一八八号解释”）；而“司法院（八三）秘台厅民三字第一七六六九号函”并非“司法院”解释文，亦非“大法官”会议解释文，此显与“宪法”第七十八条之“法律或命令之统一解释”有别；又三十八年“大法官”会议第二号解释“适用之法律或命令发生其它疑异时，则由适用职权之中央或地方机关自行研究，以确定其意义而为适用，殊无许其声请司法院解释之理由”以观，“行政院大陆委员会八十七年一月十九日之（八七）陆法字第八六一六五一九号函”之释示，当有其适用之效力。

另“两岸人民关系条例”第六十七条之一第一项及第六十八条第一项之继承人，系指“民法”第一千一百三十八条之法定继承人而言，当不含括“民法”第一千一百八十七条之受遗赠人，是退除役官兵死亡而其在台湾地区无法定继承人或法定继承人全部在大陆地区时，其遗产应由主管机关管理之，上诉人（笔者按：遗嘱执行人）称“两岸人民关系条例”并无规定，显非事实，况被继承人高〇〇亡故后，被上诉人（笔者按:“退辅会〇〇荣民服务处”）已依“民法”第一千一百八十一条规定遗产管理人非于公示催告期间届满后，不得对被继承人之债权人或受遗赠人，偿还债务或交付遗赠物。又依“退除役官兵死亡无人继承遗产管理办法”第七条第一项第二款规定，应于“两岸人民关系条例”第六十六条规定之表示继承期间届满后办理遗产交付。

此外，从“两岸人民关系条例”第六十六条规定观之，本件若未经搜索大陆地区继承人之程序，亦未在大陆地区之继承人得向法院声明继承之法定期限内，由主管机关保存被继承之遗产，而径任由被继承人以遗嘱所指定之遗产管理人或遗嘱执行人将被继承人之遗产实施分配，自有侵害将来可能出现之继承人特留分之虞，此亦足证本件应由主管机关即被上诉人任单身亡故去台老兵高〇〇法定之遗产管理人之必要。

综上所述，本件被继承人高〇〇之遗产应由被上诉人管理而非上诉人。从而，上诉人以被继承人高〇〇之遗产管理人及遗嘱执行人之身份求为判命被上诉人履行如诉之声明所示之判决，难谓正当，原审为上诉人败诉判决，核无不合，上诉论旨，执陈词指摘原判决不当，声明废弃改判，为无理由，应予驳回上诉。是以丙说亦无可采。

管见以为，从功能性及有效性之行政学观点来看，“退辅会”（所属服务、赡养机构）遗产管理依据“行政院国军退除役官兵死亡善后处理及无人继承遗产管理作业程序”为之，举凡前述编制遗产作业、办理公示催告程序等遗产管理人应尽职务，[①] 具有娴熟之作业经验，相较于遗嘱执行人，对于遗产期待权人，应有较完整而公平之保障，甲说虽能平衡二者职权，唯丁说（“退辅会”为法定遗产管理人优先说）较为可采。

第三项　与破产管理人间

所谓破产，系指债务人之全部财产不能清偿债务而使多数债权人得公平满足之民事诉讼程序。[②] 依“破产法”第五十九条规定：

“遗产不敷清偿被继承人债务，而有左列情形之一者，亦得宣告破产：

一、无继承人时。

二、继承人为限定继承或继承人全体抛弃继承时。

三、未抛弃继承之继承人全体有破产之原因时。

前项破产声请，继承人、遗产管理人及遗嘱执行人，亦得为之。”

---

① 以台湾“高等法院八十九年度上字第九八〇号判决”为例，该判决谓“遗产管理人代被继承人履行其生前之买卖契约时，应先登记遗产管理人后再办理移转登记，有最高法院八十六年度台上字第五五〇号裁判可稽”。类同于不动产之遗产管理人登记。此种情形若委由遗嘱执行人为之，技术上容生舛误，且未能备妥合法资料俾办登记（相关资料原均列管于遗产管理人处），应仍由遗产管理人为妥，亦足知甲说“知易行难”。

② 李永然，《海峡两岸常用法律词语释义——民刑行政诉讼暨司法》，永然文化出版股份有限公司，1994 年，第 151 页；钱国成，《破产法释义》，五南图书出版公司，1984 年，第 1 页。

可知遗产管理人之职务尚包含声请破产宣告。[①] 唯依同“法”第六十四条规定，法院为破产宣告时，应依职权选任破产管理人，[②] 占有管理破产财团，[③] 此际即生遗产管理人与破产管理人职务竞合之问题。

前者职务前已论及，此不赘述；后者于本文探讨范围内，参照学者见解，[④] 有如下职务：

一、占有破产财团之财产而发生之职务

（一）接收破产人移交（此际为被继承人所遗留）之其所管有一切财产及与其财产有关之一切簿册文件。

（二）询问利害关系人关于破产人财产及业务之状况。[⑤]

（三）破产人之权利属于破产财团者，破产管理人应为必要之保全行为。

二、管理破产财团之财产而发生之职务

（一）破产管理人于第一次债权人会议前，经法院之许可，得于清理之必要范围内，继续破产人之营业（“破产法”第九十一条）。于债权人会议决议继续破产人之营业时，破产人应依决议之指示继续破产人之营业（同“法”第一百二十条）。

（二）破产管理人于申报债权期限届满后，应及编造债权表，并将已收集及可收集之破产人资产，编造资产表。[⑥] 此项债权表及资产表，应存置于处理破产事务之处所，任利害关系人自由阅览（同“法”第九十四条）。破产管理人于债权人会议时，应提示其编造之债权表及资产表，并报告破产事务之进行状况（同“法”第一百十九条）。对于债权表所列债权或其数额有异议者，应于第一次债权人会议终结前提出异议。此项争议经法院裁定后，破产管理人应改编债权表，提出于债权人会议（同“法”第一百二十五、一百二十六条）。

---

① 请参本节第二项末段。另参钱国成，《破产法要义》，自刊，1986 年，第 77 页。

② 依同“法”第八十三条第一项规定：“破产管理人，应就会计师或其它适于管理该破产财团之人中选任之。”复依前“司法行政部 1969 年 1 月 10 日台（五八）令民字第〇一九三号令”，限会计师及律师在各该地方法院管辖区域内设有事务所者始得指定为破产管理人。

③ 依同“法”第八十二条规定：“左列财产为破产财团：一、破产宣告时属于破产人之一切财产，及将来行使之财产请求权。二、破产宣告后，破产终结前，破产人所取得之财产。专属于破产人本身之权利及禁止扣押之财产，不属于破产财团。”就形式上意义言，破产财团乃破产宣告后，依破产程序供公平分配于全体破产债权人之破产人全部财产总称；就实质上意义而言，则为破产宣告时属于破产人所有及破产程序存续中破产人所取得可扣押执行之财产总称。

④ 陈荣宗，《破产法》，三民书局，1997 年，第 160 至 168 页。

⑤ 本应向破产人为之。在“退辅会”为遗产管理人处理实务上，系于治丧会议时询问亡故去台老兵友朋及邻左。

⑥ 相较于遗产管理人，请参前章第三节第三项一、编制遗产清册部分（“民法”第一千一百七十九条第一项第一款）。

（三）破产管理人为管理破产财团之必要，得声请法院召开债权人会议（同“法”第一百十六条），出席债权人会议报告破产事务之进行状况（同“法”第一百十九条），[①] 受监查人之要求随时报告有关破产财团之状况及受监查人之调查。

（四）破产管理人于债权人会议之决议有与破产债权人之利益相反情形，得向法院声请禁止该项决议之执行（同“法”第一百二十四条）。

（五）破产管理人得随时由破产财团清偿财团费用及财团债务，得借款，得取回寄托之货币、有价证券及其他贵重物品，得请求履行双务契约，得抛弃权利，得承认取回权、别除权并得收回别除权标的物。[②] 唯破产管理人为上述各种行为时，应得监查人之同意（同“法”第九十七、九十二条第一项第四款、第七至八款、第十至十二款）。

（六）破产管理人得就破产人财产上之争议为和解及仲裁，并得就应行收归破产财团之财产提起诉讼或进行其他法律程序（同“法”第九十二条第一项第九、十三款）。[③]

三、变价分配破产财团之财产而发生之职务

（一）破产管理人于将破产财团之财产为变价时，[④] 应依拍卖方法为之。但债权人会议另有决议指示者，依其指示方法处分之（同“法”第一百三十八条）。

（二）破产管理人应得监察人之同意或法院之核定，为不动产之让与，矿业权、渔业权、著作权、专利权之让与，[⑤] 存货全部或营业之让与，非继续破产人之营业而为一百元以上动产之让与，债权及有价证券之让与（同“法”第九十二条第一项第一至三款、五至六款）。[⑥]

1. 破产管理人应于第一次债权人会议后破产财团可分时，作成分配表，记载分配支比例及方法，将法院认可并公告，于公告二十五日后，将金钱平均分配于债权

---

① 相较于遗产管理人，请参前章第三节第三项六、报告或说明遗产状况（“民法”第一千一百八十条）。

② 相较于遗产管理人，请参前章第三节第三项二、为保存遗产必要之处置（“民法”第一千一百七十九条第一项第二款）。

③ “最高法院八十年台上字第二七三六号判决”谓，该款系指破产管理人就应属破产财团之财产，提起诉讼或进行其他法律程序请求收回，破产管理人居于主张权利地位之情形。若债权人对破产人起诉请求清偿，破产管理人系居于防御地位，核于该款规定情形有别，应无其适用余地。

④ 相较于遗产管理人，请参前章第三节第三项五、遗产之变卖（“民法”第一千一百七十九条第二项后段）。

⑤ 与前者并为无体财产权，参王泽鉴，《民法实例研习——民法总则》，自刊，1993 年，第 40 页。

⑥ 相较于遗产管理人，请参前章第三节第三项七之论述（“民法”第一千一百七十九条第二项后段）。

人（同“法”第一百三十九条）。

2. 破产人于破产宣告后，如发现破产财团之财产不敷清偿财团费用及财团债务时，应向法院声请宣告破产终止（同“法”第一百四十八条）。

综上所述，知破产管理人在职务执行上可能与遗产管理人并存。从法规竞合的角度来看，“破产法”相较于“民法”及“非讼事件法”，系就被继承人遗债大于遗产所为之特别规定，应优先适用。唯依前述，“两岸人民关系条例”赋予“退辅会”之职权亦系特别规定，此际生有特别法间竞合情形。

管见以为虽破产管理人依“破产法”第八十三条第一项规定及前“司法行政部1969年1月10日台（五八）令民字第〇一九三号令”，限会计师及律师始得担任，较一般遗产管理人有较高之专业知识，唯依“适当功能之机关结构”（funktionsgerechte organstruktur）标准，[①]“退辅会”既依“法律”保留（“两岸人民关系条例”）受此国家任务分配，管见仍应由其践行遗产管理主要任务，于向法院声请破产宣告后，始配合破产管理人（亦即于破产管理期间由后者主导）为前揭职务必要上协助。

第三节　大陆公证书之真伪及不实之疑义

第一项　绪说

于前章第二节曾叙及“退辅会”（所属服务及赡养机构）依“行政院国军退除役官兵死亡善后处理及无人继承遗产管理作业程序”受理遗产继承申请案件时，为求审慎，要求大陆继承人委托在台代理人之委托书及亲属关系均应先经大陆公证机关公证，并经海基会验证始可。

唯在台湾实务审查上，大陆公证书常见伪造、内容不实或出具后复撤销之情形，迭致我法院及主管机关困扰。就前者言，“司法院”于1993年6月7日以“（八二）院台厅民三字第〇九四八七号函”发布“法院办理两岸公证书使用查证协议应

① 许宗力，《法与国家权力》，月旦出版社股份有限公司，1994年，第139页；许辰舟，《国会调查权之研究——从释字325号解释出发》，务实法学基金会，《判解研究汇编》（二），自刊，1997年，第57页。另参台湾台北地方法院2013年度继字第723号民事裁定“本院审酌依行政院国军退除役官兵辅导委员会荣民服务处组织规程第2条第1项第2款规定，行政院国军退除役官兵辅导委员会荣民服务处有去台老兵访慰、权益维护、纠纷调处、善后处理等事项之职权，在处理去台老兵遗产事务方面，亦有相当之经验及专业等情，爰选任被继承人许〇〇设籍地之行政院国军退除役官兵辅导委员会台北市荣民服务处为被继承人许〇〇之遗产管理人”，可知法院亦以“适当功能之机关结构”原则为认定标准。

行注意事项”（以下简称协议），[①] 力谋公证书之实质证据力。后者在“退辅会”方面，则于“行政院国军退除役官兵死亡善后处理及无人继承遗产管理作业程序”陆、三、（二）、3 继承案件审核步骤及要领中，明文规定应严格审查。以下谨就海基会及“退辅会”实务所遇公证书真伪及不实之问题加以探讨。

第二项　海基会及“退辅会”实务所遇公证书真伪及不实问题

以下兹就前开业务中，与海基会及“退辅会”实务所遇公证书真伪及不实等问题分门别类加以探讨：[②]

一、迟延寄送公证书副本

依协议双方应将继承等十四 [③] 种证明事项之公证书副本寄予对方核验。[④] 但在实务上常有当事人持公证书正本向海基会申请验证时，公证书副本尚未寄达，致无法进行核验。海基会此时便函催公证员协会尽速寄送副本。除个案应当事人请求函催外，海基会对于当事人已申请验证，而副本于一个月内尚未寄达者，亦均主动列册向公证员协会催寄副本。

二、拒绝寄送公证书副本

大陆地区公证员协会对于前述催寄副本，可能以下列三种理由拒绝寄送：

（一）系争公证书乃社会上伪造，[⑤] 并非该公证处所出具。此种情形又以伪造福建地区亲属关系公证书，企图用以申请来台探亲、居留及定居者最普遍。对于此类案件，海基会均斟酌情形，将可能涉有伪造文书罪嫌之申请人函送警察机关侦办，并将我方调查结果函告大陆地区公证员协会，对于可能有大陆地区人民涉案者，例如伪造之公证书系由其位于大陆地区人民寄交台湾地区之受托人代为申办文书验证，则海基会均函请大陆地区公证员协会予以调查，并复告大陆方面之调查结果，以期共同维护公证书之公信力。

（二）系争公证书非属本协议适用范围。此种情形亦福建地区公证处所出具用以申请来台探亲、居留、定居之亲属关系公证书居多。对于此类案件，海基将函告

---

① “陆委会”，《大陆工作法规汇编》，自刊，1996 年出版，第 6 至 39 页。

② 以下论述主要参考海基会法律服务处谢福源处长 1999 年 12 月 21 日于“退辅会”单身亡故去台老兵遗产管理训练班讲义数据：《验证大陆地区文书之探讨》乙文，第 324 页以降。

③ 详见王树鸣，《认识大陆司法环境》，永然文化出版股份有限公司，1995 年，第 90 页。其中与“退辅会”有关之委托及亲属关系分属第一、五种类别业务。

④ 郭登科，《大陆法院审理涉台案件问答》，永然文化出版股份有限公司，1995 年，第 164 页。

⑤ 其可分为：1. 大陆地区人民自行伪造公证书，2. 盗用大陆地区公证专用纸伪造公证书，3. 台湾地区人民自行伪造公证书。详见文迪，《正视大陆地区公证书伪造及内容不实问题》，《交流杂志》第五五期，第 44 至 45 页。另可参本项第 7 款之叙述。

申请人，若其目的系为申请来台探亲者，则可免办签证，径向入出境管理局申办来台探亲事宜；若目的系为来台定居之用，则海基会将以该公证书涉及扶养亲属，为协议所规定应相互寄送副本之范围，函请公证员协会尽速寄送副本。

（三）系争公证书并非在台湾地区使用。例如系持往日本或仅限于大陆地区内地使用，亦既并非涉台公证书。对于此类案件，海基会原则上将函告当事人重新办理符合规定之涉台公证书，再另案申请验证。

唯过去曾有一特殊案例，某位周姓大陆子女在“两岸人民关系条例”施行前非法偷渡来台，并与台湾地区人民结婚，嗣依该条例第十八条第二项但书之规定，可以就地合法化并申请在台居留，不必强制出境，唯向户政机关办理结婚登记时，户政机关要求应提出单身证明公证书。当周女士之先生向大陆地区公证处申办公证书时，均无法如愿，嗣经海基会函请大陆地区公证员协会协助结果，获告因周女士未能提供合法离境往台之证明，公证处不能为偷渡赴台之当事人办理相关手续。事后，周女士之先生终于办得其单身证明公证书唯向海基会申请验证时，因迟未接获公证书副本，致无从进行核验。海基会于是检送该公证书复印件请公证员协会查证，结果获告：该公证书为该管公证处所出具，但因系在大陆地区内地使用，故无法依协议寄送公证书副本予海基会。兹因系争公证书业经公证员协会答复前开查证结果，虽海基会未能以核对副本之方式确认其为该公证处所出具，唯其核发公证书触及内容之真实性均已获得公证员协会证实。① 因此，海基会便将此查告内容复知申请人及户政机关，俾供办理结婚登记参考，并有鉴于个案特殊性，既不再要求申请人另行申办涉台公证书。

三、公证处拒绝为当事人办理涉台公证书

海基会曾接获民众陈情，向大陆地区公证处申办涉及继承之公证书时，有公证人员利用职权要挟当事人交付高额公证费用或应委托特定台湾地区代理人代办，否则不予出证。另有民众陈情，办理申领“战士授田凭据补偿金”之委托公证书时，大陆地区公证处拒绝办理。对于上述情形，海基会均依民众陈情，斟酌状况函请该管公证员协会查明案情并协助当事人顺利申办公证书。

昔日有关申请“战士授田凭证补偿金”之委托公证书内容，为避免大陆地区公证处以政治敏感考虑而拒绝公证，“联勤总部留守业务署”并未要求载明委托事项

① 参《中华人民共和国民事诉讼法》第六十九条：“经过法定程序公证证明的法律事实和文书，人民法院应当作为认定事实的根据，但有相反证据足以推翻公证证明的除外。”大陆公证书不但具有形式上效力，亦有实质上效力。参施启扬，《中国大陆法制研究》，“司法院”，第405页。唯笔者不尽苟同。

为领取“战士授田凭据补偿金”，而系在范例中改以“领取一切在台权益”代替。对于此种领取一切在台权益之委托公证书，仍有民众陈情部分公证处拒绝公证，就此情形在海基会函请公证员协助后，当事人往往可顺利办得公证书。

另案又如海基会曾接获某“反共义士”陈情，其妻在台未办理大陆地区学历采认，依规定应缴交学历公证书，唯因其身份特殊，大陆地区公证处拒绝出证，爰请海基会协助。海基会于是将陈情人所提中学毕业证书复印件函送学校所在地之省公证员协会请求协助查证是否真实。令人意外，该省公证员协会回复：海基会要求查证之内容不符协议第三条规定之范围，不便查证回复。唯可转告在台之当事人通知在大陆之当事人到该馆公证处申办学历公证。以上案例凸显二项重点：(一）大陆地区公证处可能将公证书以外之其他文书排除再协议第三条公证书查证范围之外；(二）本案大陆地区公证处事实上亦可依协议第五条其他文书之规定予以协助，唯其舍此可为而复告我方可转知当事人至公证处办理学历公证，此亦为海基会协调大陆地区公证员协会使当事人顺利办得公证书之另一种类型。

四、公证书形式要件问题

由海基会系以核对公证书副本之方式进行核验，唯因公证书制作过程疏失，可能产生下列形式要件问题：

（一）欠缺公证处钤印：有正本缺漏或二者均缺漏者。

（二）正、副本公证处钤印不同，或二者盖章颜色不同，原则上二者应均为红色章，但有正本盖黑色章者。

（三）欠缺公证员签名式：有正本缺漏或副本缺漏或二者均缺漏者。

（四）正、副本公证员不同；亦有公证员相同，但签名章形式不同者；亦有正本用毛笔签名并非盖签名章者。

（五）正、副本公证处名称不一致。

（六）正、副本公证处字号不一致。

（七）正、副本公证日期不一致。

（八）公证书未盖钢印。

五、公证书正、副本内容不符

公证书正、副本内容不一致之情形，虽在核验过程可以明确察觉，但在审酌是否一律拒绝核发证明时，仍会有难以决定之情形，例如下列状况：

（一）公证书正本贴有当事人照片，副本则未贴照片；或正本所贴照片内容之主体虽与副本者应属相同之人，但内容仍有不同，例如正本上照片男子在右边，女子在左边，唯副本上照片则男子在左边，女子在右边；或正本上照片女子有戴帽，唯副本者则未戴帽等不一足。

（二）正本与副本之附件格式不同，例如正本之委托书格式是台湾地区法院司法状纸格式，唯副本则为大陆地区公证书格式。或正本之委托书为手写而副本则用打字。

（三）结婚公证书正本附件为男方所持之结婚证，唯副本则为女方所持结婚证。

（四）正本或副本有增删修改，但未盖校对章，致正本内容不符。对于前述公证书形式要件问题，在处理之原则上应先确定，核验客体（即公证书正本）与据以核验之标准答案（即公证书副本），均应具备公证书之法定要件。因此，若公证书正本欠缺形式要件，如钤印、公证员签名章者等，则应由当事人持往发证公证处补正或重新办证。若是公证书副本欠缺形式要件，则应系标准答案有瑕疵，应由海基会主动函请公证员协会查明补正。若是公证书正副本所载公证处名称、字号、公证日期不一致，除非有明显证据足以判断是副本内容可能有误，应主动函查副本内容外，其余仍应以副本为依据，依正、副本不符拒绝核发证明，但申请人可就此结果申请查证，以究明是否证明有误。若查证之结果，正本内容始属正确且已函告或另行提供正确副本，海基会则应据此核发证明。在实务上，经函查副本发现有误而改发证明者，仍偶有成功案例。

对公证书内容不一致之情形，海基会经常面临“据实核验”与“便民措施”之两难抉择。由于海基会系以核对公证书正、副本之方式进行核验，所发证明系记载“本件公证书正本经核对与〇〇公证员协会寄交之〇号公证书副本相符”，且经海基会验证之公证书，依“两岸人民关系条例”第七条之规定，推定为真正。若海基会对于公证书正、副本内容不一致者，仍发给证明，此显然违背前开证明单之表述，且亦可能导致主管机关或法院在采认其效力或实质证明力时，发生困扰。

然而对于前述情形一律拒绝发给证明，亦往往引来民怨，民众常常抱怨重新办理公证书须长途跋涉且耗费时日，[①] 或急需使用，赶办不及将影响其权益。此外，大部分申请验证者系为年老体衰、教育程度有限之去台老兵，[②] 不甚了解相关程序。面对此种情境，若一律拒绝核发证明，似有违情理。然因同时又须受据实核验义务

① 随着科技的进步，海基会也透过计算机化来让民众查询公证书核发进度，可参考该会民众查询文书验证申办进度系统 http://sefapplyap.sef.org.tw/cod/。

② 特别是在“退辅会”处理单身亡故去台老兵遗产管理之情形，后者因在台无亲属，多靠去台老兵之友朋协助善后，大陆继承人嗣多亦委请其担任在台代理人。渠等年逾古稀，难期待了解全般法令及行政程序。

之拘束，为期求两者之均衡，海基会乃在衡酌不影响验证结果公信力之原则下，就特订正、副本不符之情形仍予以发证，但同时以加注方式，将不符之处明确记载在证明上，以方受理公证书之主管机关或法院认定参考。例如在证名单上加注：正本所贴照片有照片部分并不一致，但将正本之照片排除在证明范围之外，并不影响其他相符部分之证明效力，为期便民且兼顾据实核验之原则，乃有加注之作法。

加注之方式虽有利于解决部分正副本不符之瑕疵，但适用范围亦应予以限制，否则过度广泛加注之后果，将使证明单上所称“正、副本相符”之核验结果丧失意义。例如正、副本若有三、四处不符，若仍以加注方式将其载明于证明单上与以排除，则证明单犹称正、副本相符将无意义。因此，凡是正、副本不符，且不宜以加注方式发证者，海基会一律以函复或简便行文表通知申请人，并在回复时检附公证书副本供申请人参考。

严格而言，凡正、副本不符者，即不宜核发证明。但海基会之所以实行前述加注之方式，完全是基于便民考虑。盖当事人总是强烈要求，主管机关只接受海基会核发证明之验证结果，其余函复或简便行文表通知往往无法为主管机关接受。因此，对于前述有部分不符而仍可以加注明确区隔排除且不易导致主管机关认定上之困扰者，海基会才用此权宜措施。在实务上，当事人对正、副本内容不符，往往希望海基会尽量以加注发证方式处理，但基于前述加注方式本质上应有之内在自我限缩，不应将例外加注反变成原则。因此，往往须与申请人沟通，即便海基会不宜以加注发证方式处理，但核验结果均将以函复或简便行文表通知，忠实将不符之处告知申请人。若申请人认为不符之处并非使用该公证书之重点，则仍应由申请人自行向主管机关或法院陈明，海基会不宜在便民考虑下，太过超越文书核验之角色，越俎代庖，过分为主管机关审酌文书内容何者为重要事项。

在实务上曾有如下案例。海基会发现委托公证书中正、副本所载在台代理人之出生月份不符，文书验证之申请人（即该在台代理人）表示，正本上所载其出生月份虽有错误，唯只要海基会核发证明并加注二者虽有不符，受托人已提出国民身份证证明真实月份为〇月，则其可提交法院陈明内容并出具身份证为证。海基会虽明确告以系争文书验证仍不宜发证，但将来受托人所接获之通知内苟确能证明仅该月份不符而其余部分均相符，若法院院参酌其他证明就此核验结果采认委托关系存在，而不拘泥于核验结果之表达方式是以加注发证获通知。则当事人权益并不会受任何影响。盖委托关系存在与否之判断，为实质问题，且海基会亦已充分提供完全之核验结果，法院在判断上应可依权责为之。

唯目前“退辅会”等主管机关均仅接受海基会所核发证明之公证书，对于不符通知者，则不愿进一步审究其余相符内容是否亦已足供判断上之依据，避免图利他人。此种现象之改善，实有赖各接受该公证书之主管机关（“退辅会”等）进一步思考海基会核发证明之真正意义何在？若均能了解只是呈现核验结果之一种表达方式，而不符通知亦为另一种核验结果之呈现，则对于其间形式上之差异，便不会导致民众所陈情之排斥心态。但在“退辅会”等主管机关未能全然接受不符之通知时，海基会仍有继续实行加注发证方式之事实上需要，以期在表达方式上配合便民之需求。

六、公证书内容矛盾

海基会处理实务上曾见有公证书正、副本内容一致，在公证内容相互矛盾者。例如亲属关系公证书中所载胞弟之年龄较胞兄年长；或委托公证书中所载委托日期晚于公证日期；或公证书正本所载附件名称与所附文件不同。对于公证书内容矛盾之情形，海基会是否应发给证明？容有下述两说：

（一）肯定说：海基会就公证书之内容只作形式核验，系争公证书正、副本内容既属一致，则应依正、副本相符发给证明。至于内容矛盾之处，乃属主管机关或法院依两岸人民关系条例第七条、施行细则第八条规定判断其实质上证据力时，所应本于权责自行审酌者，海基会在文书验证阶段，不必亦不应超越权责，径行介入实质内容之判断。

（二）否定说：海基会办理文书验证虽原则上仅属查证之方便管道，并未具有强制性（法令另有规定者除外），唯一旦选择此文书验证程序，依前开规定，系争经验证之文书及依法推定为真正。且推定为真正之文书，其内容与待证事实有关且属可信者，有实质上证据力。再者，海基会对于大陆地区文书之验证，除确认其制作地区系在大陆外，究其实质内容之正确性亦应发挥查证之功能。因此，两岸公证书使用查证协议第三条第一项第四款方规定，公证书内容自相矛盾者，双方应相互协助查证。海基会验证文书之目的应在于方便该文书真实性之认定，且其验证结果亦将产生法定证明力。若海基会对于尚属应进一步加以查证之矛盾内容率予核发证明，则主管机关未来对于此类证明之公信力自将存疑。虽然海基会在验证过程不必亦难以就公证书内容进行详细调查，但至少在核发证明前，对于内容明显矛盾者，扮演把关过滤之角色，以发挥查证文书真实性之初步阶段筛选功能，自有其必要。否则，海基会核发之证明不仅无法证明内容之真实，反而以出具证明之方式增加主管机关认定上之困扰，此绝非建立海基会文书验证管道之本旨所在。

本文认为海基会就文书验证结果所核发之证明，应有助于文书内容正确及真实性之认定，使符合建立此制度之目的。其内容矛盾之公证书苟仍核发证明，似有画地自限而忽略该会成立目的之嫌。再者，其内容既有明显矛盾，则主管机关自难以采信。因此，海基会拒绝核发证明，对当事人之权益并不会造成影响，反而可维持该会核发证明之一定水平与公信力，应以后说（即公证书内容矛盾时，海基会不应发给证明）为是。

七、伪造及变造公证书

实务上曾见下述伪造及变造公证书之案例：

（一）当事人申请验证，唯副本迟未寄达，海基会乃函催公证员协会尽速寄送，经回复系争公证书并非该公证处所出具，而系社会上伪造。

其中良以伪造福建省所辖公证处之亲属关系公证书，用以申请来台探亲、探病者最为普遍。[①] 由于申请人恐系不知该等申请主管机关入出境管理局并未要求应先经海基会验证，而系由其自行吸收认定之责任，申请人仍向海基会申请文书验证之结果，乃发觉有前述问题。海基会发现有前开行使伪造文书之情事者，均函送司法警察机关调查，结果大多均以该公证书系由大陆亲友寄交在台文书验证申请人，渠并不知系伪造之文书，而未论以刑责，仅有少数案件移送检察官侦办。对于大陆地区可能之涉案人，海基会亦均函请大陆地区之公证员协会查明复告，以维护公证书之公信力。唯大陆方面对之并未积极配合。

而在伪造的类型上，可区分以下三类：[②]

1. 大陆地区人民自行伪造公证书：

详如前述。例如台湾地区人民张氏于 2000 年 8 月持○○市○○区公证处所签发之死亡证明公证书正本项海基会申请验证，经该会函催重庆市公证员协会寄送副本，俾便核验。嗣据该公证员协会函复其并未出具该公证书，海基会据此函送桃园县警局调查。

2. 盗用大陆地区公证专用纸伪造公证书：

大陆公证员协会曾于 1998 年 4 月函告海基会，因有部分公证专用水印纸丢失或被盗，以该笔批水印纸制作之公证书均为假证。为防杜伪造公证书造成危害，海

---

① 依该会统计，迄至 2000 年年底止，中国公证员协会函复公证书有伪造情事者，共计五十四件，其中以福建省居多，达四十八件。参文迪，《正视大陆地区公证书伪造及内容不实问题》，《交流杂志》第 55 期，第 44 页。

② 同前注文。

基会彼时即函告“内政部警政署入出境管理局”（以下简称“境管局”，现改制为“移民署”）参考。“境管局”嗣果发现有持上开被盗之专用水印纸伪造之大陆公证书，除将相关事证移送司法机关侦办外，并函送海基会洽商大陆公证员协会协助调查伪造证件来源。例如前板桥地方法院（现改为新北地方法院）为审理某刑事案件调查需要，于 2000 年 12 月函请海基会协助查明大陆地区人民李〇妹生父姓名及年籍等资料。案经大陆公证员协会于 2000 年 12 月函复，谓该案之亲属关系公证书并非〇〇省〇〇市公证处所出具，而系使用被盗专用水印纸制作，不具公证书效力。故得肯认台湾地区人民李〇氏持向境管局办理李〇妹来台探亲之公证书确系伪造。

3. 台湾地区人民自行伪造公证书。

“国防部后备指挥部留守业务处”（原为“国防部联合勤务总司令部留守业务署”，以下简称“留守处”）依“两岸人民关系条例”系第六十八条系现役军人无继承人、继承人之有无不明或因故不能管理遗产者之主管机关，于承办战士授田凭据补偿金业务中，曾发现有人持伪造大陆地区公证书、伪印海基会证明单及伪签核对人员签名，[①] 向该处冒领之情形。例如该处于 1999 年 7 月及 2000 年 11 月两度函请海基会查证代理人曾氏等七人所提供之一百七十五件海基会证明及公证书是否属实，经查证结果均系伪造。因渠等可能涉及行使伪造文书罪嫌，该会均函请台北地检署侦办。

（二）当事人擅在公证书正本涂改内容、增删记载、黏贴照片或附件等。

此种情形可分为在申请文书验证前及核发证明后者。前者海基会于受理时即可发现，就该变造行为，已导致公证书证正、副本内容不符，该会得据发证明。后者常系主管机关在审查该公证书时发现有此情形，而向海基会函查。该会于调出案卷，即可查核出具证明时正、副本内容为何。若确定变造之内容系核验当时不存在者，则函复主管机关，并检附出具证明时正、副本内容复印件供参考。苟发现有涉嫌行使变造文书之犯罪行为者，依法移请司法机关侦办，以杜绝擅在海基会核发证明之公证书上变造内容，俾维持证明之公信力。

实务上“退辅会”等主管机关常就业经海基会核发证明，公证书内容却经修改并盖有公证处校对章者，函请海基会查明该校对章是否属实。海基会在处理上与前述程序相同，若调卷后发现原先内容已遭窜改，且校对章亦为事后所盖，则直接据

---

① 海基会有权签发验证证明之承办人若有新增者，均会函报“陆委会”，后者则转知各主管机关（“退辅会”“国产局”“留守署”），避免误认系伪造。“退辅会”就之均即通告其所属各服务、赡养机构，请其注意审认辨识。请参“退辅会”2000 年 9 月 29 日（2000）“辅壹字第一六三六八号函”。

此答复，并不再向公证员协会查证该修改及校对章是否确为该公证书所为。

然当事人往往向主管机关抗辩其系在海基会核发证明后始知公证书内容有误，便将黏贴有海基会证明单及盖有海基会钢印之原公证书正本持往大陆地区发证公证处，请公证员修改内容后再加盖公证处校对章，嗣后提交主管机关行使。唯此种抗辩无法就渠原知应先经海基会验证始黏贴证明，嗣却恣意窜改自圆其说，管见不采。盖原公证书已为海基会之证明所吸收，成为证明文书一部分，大陆公证处无权再加以修改。

由于依常理判断，应可期待行为人有此基本逻辑推论，故行为人有意规避海基会事后查核而径行持往大陆公证处修改后直接行使，纵令认为不具备行使变造文书之直接故意，① 当亦有台湾“刑法”第十三条第二项之未必故意。此外，是类案件常系大批申请文书验证之特定代理人，就文书验证业务熟悉程度自难诿为不知。“退辅会”等主管机关就之应提高警觉，必要时委请司法机关诉追，始能收扼阻之效。

八、继承遗产相关之公证书出现不同版本

在“退辅会”处理单身亡故去台老兵遗产管理之实务上，屡见多起继承遗产相关公证书有不同版本之现象。尤其该会自 1994 年 4 月 4 日起对外公布亡故去台老兵名单以来，情况更趋严重。其间时有二组或三组不同之大陆地区继承人要求继承相同之单身亡故去台老兵遗产，“退辅会”不得不委请海基会代向大陆公证员协会查证各该公证书。② 就同一省份者，海基会向该省公证员协会嘱托查证；不同省份者，则请中国公证员协会协查。③ 经统计，自 1994 年迄 2000 年年底止，海基会受理查德证计一千零三十五件，其中以单身亡故去台老兵遗产继承案件为大宗，而

① 就海基会所发证明系属何种性质文书，向有公文书及私文书说之争议，目前实务界采后说。唯海基会法律服务处前处长谢福源先生谓从“两岸人民关系条例”第七条规定之立法理由观之，采前者亦非无据。至于大陆公证书性质，实务亦采私文书说（如台湾台北地方法院 1989 年诉字第七八〇号判决）。

② 另为交叉比对，“退辅会”所属服务及赡养机构尚同时函请军方及“境管局”查证留存盘案与入出境数据，俾供参考。

③ 中国公证员协会是司法部主管，由公证员、公证处、公证管理人员及其他与公证事业有关的专业人员、机构组成的全国性的社会团体法人，成立于 1990 年 3 月。中国公证员协会现有团体会员 3182 个，个人会员 19389 人。参 http://www.legalinfo.gov.cn/gb/moj/zhishudanwei/gongzhengxh.htm。

"双胞案"有二百十七件、"三胞案"六件。[①] 查证结果往往系有部分公证书内容有误，其中一组或两组人马即被撤销[②] 公证书。[③] 唯对于谋财未遂者，并无任何处置。此外，亦有大陆地区公证员协会主动函告撤销继承相关公证书者。唯通常因已事隔许久，冒领者早已取得遗产。海基会于接获大陆公证员协会此种通知后，程序上即函告相关法院及"退辅会"等主管机关及文书验证申请人。法院于接获海基会函告后，均会将原准予备查之表示继承通知予以撤销，以昭公信。

另于实务上曾有"退辅会"委请海基会函托大陆公证员协会查证公证书所载继承人与死者遗嘱记载不同之案例，大陆公证员协会将查证结果函告海基会该公证书内容系真实有效。唯嗣后海基会以另一组继承人之公证书在函请查证，结果却系原答复真实有效之公证书因与事实不符，已自行撤销。此际究系"今是而昨非"抑或"昨是而今非"？唯赖"退辅会"等主管机关实质审查判断。

而实务上尚见有某在台代理人所持大批特定省份继承相关公证书均指定其为代理人之案例。就其内容，委托人之签名笔迹似均由少数人统一代签。"退辅会"委请海基会函托大陆公证员协会结果，获告此系历史因素及大陆地区人民水平不高所致，并撤销其中部分公证书。此不能不谓其中别有蹊跷，因之，海基会就渠申请案件亦特别注意。其在代理某案遗产继承事件中所依据之公证书被撤销后，将原所领得之遗产私相授受交予另一套公证书所载之继承人。而中国公证员协会对于该继承双胞案之查证，亦以该代理人已将遗产交予真正继承人为由答复，颇有私了之意味。该处理方式完全无视于"两岸人民关系条例"对大陆继承人应先向法院为继承之表示，俟获准予备查之通知，其继承权始为确定之规定，视法律于无物。据报

① 参见文迪，《正视大陆地区公证书伪造及内容不实问题》，《交流杂志》第五五期，第 44、46 页。实务案例如高雄地方法院于受理故叶氏遗产继承事件时，发现三胞案，爰请海基会查证。案经中国公证员协会 1997 年 4 月函复："〇〇省〇〇县公证处出具之公证书属实，继承人为叶〇德，而非〇〇省〇〇市公证处所列之叶〇金及〇〇省〇〇市公证处所列之叶〇妹。"可见问题匪浅。

② 依《中华人民共和国公证法》第 39 条规定："当事人、公证事项的利害关系人认为公证书有错误的，可以向出具该公证书的公证机构提出复查。公证书的内容违法或者与事实不符的，公证机构应当撤销该公证书并予以公告，该公证书自始无效；公证书有其它错误的，公证机构应当予以更正。"第 40 条："当事人、公证事项的利害关系人对公证书的内容有争议的，可以就该争议向人民法院提起民事诉讼。"盖大陆公证员作成公证书后，尚须经领导"审批"始生效力，并可由同级司法行政机关予以撤销，行政色彩甚浓。参杨仁寿等 1997 年赴大陆地区公证制度参访报告，引自施启扬，《中国大陆法制研究》，"司法院"，第 406 至 407 页。

③ 以"退辅会〇〇县荣民服务处"委请海基会查证单身亡故去台老兵程〇〇案为例，渠大陆继承人程〇〇曾先后提供两种不同版本之公证书，其身份一为三弟，一为三哥，致该处无从判断。案经〇〇省公证员协会于 2000 年函复查证结果，将〇〇县公证处（1998）民证民字第 66 号公证书撤销，重新出具（2000）民证民字第 56 号公证书，确认程〇〇身份系三哥非三弟。然该案并未因此解决，请参文迪，《正视大陆地区公证书伪造及内容不实问题》，《交流杂志》第五五期，第 46 页。

载，[①] 目前检调机关已就类此案件加以侦办，诚为适举。

九、大陆继承人身份之确认

在第二章第二节中已提及“退辅会”在“行政院国军退除役官兵死亡善后处理及无人继承遗产管理作业程序”陆、三（二）3（3）中，应就大陆继承人检具之公证书所示审认是否符合台湾“民法”第一千一百三十八条之规定。在审查实务上，常遇有下列问题：

（一）公证书所载大陆继承人系单身亡故去台老兵生前配偶（“民法”第一千一百三十八条）

在有家书左证下，尚能秉之解决。唯单身亡故去台老兵生前教育程度多不高，甚而不识字，无能期待其 1949 年来台时能办理户籍法上配偶登记。就此部分，只能依证据多寡个案认定。

（二）公证书所载大陆继承人系单身亡故去台老兵之子女（“民法”第一千一百三十八条第一款）

此情形亦依个案不同判断。“退辅会”在单身去台老兵生前即由其各户籍地“荣民服务处”列册特别照顾，嘱其书立亲属关系表，俾嗣后其往生得究其继承人为何人；苟有去台老兵生前未书立者，则在平日访查纪录表中“旁敲侧击”，或访问其邻左，以便未雨绸缪。在治丧会议时邀其生前故旧邻居公开阐述，作成记录，日后俾凭判断继承人之亲等及姓名等资料。是以若去台老兵生前有明示者，证明上较无困难；若未明示，则综合前述及往来家书等资料判断之。

（三）公证书所载大陆继承人系单身亡故去台老兵之父母（“民法”第一千一百三十八条第二款）

由于一般人事、户籍资料上多得见父母姓名，是以大陆继承人苟欲造假，此部分最不易出错。且前述在台数据多未显示其父母年籍，职是纵申请人恣意书写年

---

① 以 2000 年桃园地区所爆发军民涉嫌勾结诈领去台老兵遗族退伍金及抽取佣金弊案为例，“陆军总部中校”承办人员符〇〇与其在全省各地二十余处掮客据点两年来至少不实申办大陆遗族申领退伍金余额案一百卅九件，金额逾六千四百万元，若精细计算，总金额恐将上亿元。其犯案模式有二：一、符某利用“国防部”规定大陆遗族不得委托他人申领单身去台老兵退伍金余额之规定，屡屡刁难去台老兵大陆真正继承人，唯暗示若透过中间掮客代办即可 OK，且须支付三至四成之佣金。二、透过计算机得知单身亡故去台老兵数据，泄漏给各该户籍地之掮客在大陆或台湾找人头充亲属，以伪造不实之亲属关系公证书申领大陆遗族申领退伍金余额及在台遗产。掮客为“报答”符某提供去台老兵数据，前者由符某抽佣；后者则由符某、掮客及人头三方朋分。检方除积极侦办外，并怀疑大陆等相关单位有不肖官员涉及挂勾牟利，以致在亲属关系证明文件之核发审查上放水，将考虑委托海基会致函海协会请求大陆官方亦主动调查，共同打击不法。参《自由时报》2000 年 11 月 10 日第四版报导。

籍，亦无从查证，难以防范，诚为实务审查上之盲点。

（四）公证书所载大陆继承人系单身亡故去台老兵之兄弟姊妹（“民法”第一千一百三十八条第三款）

此为“退辅会”处理案件中之最大宗者。由于其不若前者得见于相关数据，难度较高。因教育程度、老年痴呆及年代久隔等因素，单身去台老兵不见得全然通晓其手足辈分及姓名。[①] 早期甚至于服役期间伪报出生别及姓名，以避免彼时“抓夫”连累家人。[②] 唯假的说久了，记在纸上就成真了。在“退辅会”函查台湾相关机关单身亡故去台老兵资料时，甚而发现彼此相左者。苟自身数据不正，何以论申请人为非？承办人员常徘徊于是否不受前揭相互矛盾资料之限制，秉良心径认申请人数据为真正，[③] 谓人为神的工作并不为过。

（五）公证书所载大陆继承人系单身亡故去台老兵之祖父母（“民法”第一千一百三十八条第四款）

“退辅会”处理实务上未之有也，盖依一般通念除非其活至一百五十岁以上斯有可能。

十、死亡公证书所载死者并未死亡

单身去台老兵因独居台湾，每逢佳节倍思亲，常常前赴大陆探亲访友。唯因年逾古稀，屡见在大陆地区罹病或意外死亡者。依现行实务，大陆继承人除检具亲属关系公证书及委托公证书外，尚须检具死亡公证书，[④] 遗产管理人俾凭判断该去台老兵确系死亡。唯亦见有死亡公证书所载死者实未死亡之下述数例。

例一：如海基会于 1997 年 6 月受某地检署嘱托，向○○省公证员协会查证其 1996 年 5 月出具王姓台湾地区人民在○○省○○市因车祸死亡之公证书。查证结果该公证书失实，予以撤销。理由为系争死亡公证书乃王姓“死者”胞弟所申办，当时曾提出○○武警医院之“居民医学死亡证明书”为证。于公证书出具后，因申

① 参前述可知，似不无去台老兵生前有意误报之可能。

② 1948 至 1949 年间，国民党政府在大陆曾有强迫民众当兵情形，参去台老兵文化网 http://lov.vac.gov.tw/Oralhistory/Content.aspx?i=180&c=1。

③ 端视是否认人性本善而论。若采性恶说，则宁悍拒不发。依笔者所见，实务似均采后者，鲜见勇于任事者，恐系惧涉图利之因。

④ 依“行政院国军退除役官兵死亡善后处理及无人继承遗产管理作业程序”叁、五、（三）之规定，去台老兵赴大陆探亲死亡，申报死亡登记，应依“户籍法施行细则”第十九条第一项第三款之规定办理，如无法取得死亡证明书或可予认定为有效之证明文件，可由二人以上，在场亲见死亡者之死亡事实证明书申办（参“内政部 1990 年 3 月 7 日台七九内户字第七八四五一三号函释”）。实务上通常由大陆继承人之在台代理人秉经海基会验证之去台老兵死亡公证书办理死亡登记并同时申办除户誊本。

请人持公证书向有关保险公司提出保险理赔，引起公证处警觉，经向前开医院调查结果，虽证实该死亡证明书上医院之印鉴属实，唯院方表示并未接收及医疗该王员，且证明书上署名之医师亦否认出具过该证明，故该医院死亡证明乃申请人透过非法管道取得，因公证事项失实，予以撤销。

例二：〇〇省〇〇市于1996年9月间出具公证书，证明某唐姓台湾地区人民于同年8月2日在〇〇省〇〇县〇〇路口发生车祸，同月12日于该县医院亡故。唯利害关系人美商保险公司请求海基会协助查证，依该县公安交通警察大队、公安局及村民委员会分别于同年12月出具证明，均记载唐员尚健在。嗣经查始知渠前往大陆前，曾向六家保险公司投保巨额保险，显有牟取不法利益之意图。而该公证书亦显然不实。

十一、回复查证结果未附理由或语焉不详

中国公证员协会通常就海基会请求查证之结果以寥寥数语代过，未附理由或语焉不详。以继承“双胞案”为例，该会多函复某号公证书材料充足、内容真实，为合法有效；另某号公证书因当事人提供材料有误，已予撤销。至于何处有误或为何错误，则无从知悉，亦致“退辅会”等主管机关无从进一步判断。

十二、另出具公证书对内容有误之公证书加以更正或补充

大陆公证处发现有显然错误，如笔画、数字之误写、误算，于不影响公证书内容时，大陆公证处应制作更正（补充性）公证书，通知当事人及有关机关。如能收回前公证书时，应于更正后重新发给当事人。唯在影响公证书内容时，则应采前述八撤销之方法，撤销原公证书并另为新公证书。然在实务上，屡见后者情形仅以更正方式为之，大陆公证员协会并谓原公证书与更正公证书应合并使用，显违法律基本概念。

按法律行为经撤销者，依“民法”第一百十四条规定，视为自始无效，意即溯及地使法律效力归于消灭。[①] 原公证书内容既有错误，则撤销后应不再援用，另出正确新证为是。今撤销后复并用后补充更正公证书，后者于法理上无从附丽前者。为避免“退辅会”等主管机关审查无所适从，中国公证员协会应另行制作公证书始为适法。

---

① 施启扬，《民法总则》，自刊，1987年，第322页；刘得宽等著，《法律类似语辨异》，五南图书出版公司，1997年，第316页。《中华人民共和国民法通则》第五十九条第二项（按：依两岸有异，台湾称项者，大陆为款。依其所称应为第五十九条第二款）亦规定：“被撤销的民事行为从行为开始起无效。”纵依公法观点，依“行政程序法”第一百十八条规定，亦溯及既往失却效力。

十三、公证书所载简体字与繁体字是否同一

因大陆地区使用简体字，与台湾地区文字有异，主管机关或法院常有是否同字异义之问题，海基会通常会依前开机关所请，函请中国公证员协会查复。例如“肖”是否为“萧”？“傑”是否同“杰”？在两岸交流愈趋频密下，承办人员多已了解其具同一性，已较少发生查证情形。

以上厥为“退辅会”及海基会实务上所面对诸多问题之大者。而就大陆地区制作之文书是否一律须先经海基会验证后，始能推定为真正？容有以下争议：

（一）肯定说：

1.“财政部 1993 年 5 月 12 日台财税第八二〇一六八三八〇号函”：“依台湾地区与大陆地区人民关系条例第七条规定‘在大陆地区制作之文书，经行政院设立或指定之机构或委托之民间团体验证者，推定为真正’，准此，本案台湾地区人民于大陆地区死亡，经大陆地区有关单位出具之死亡证明，既需经财团法人海峡交流基金会验证后，始推定为真正，则其遗产税之申报期限，可参照本部台财税第三四三七七号函规定，以取得财团法人海峡交流基金会验证证明之日起六个月内计算。”

2.“陆委会 1994 年 11 月 28 日（八三）陆法字第一六三三二号函”：“海外华人向我驻外馆处申办授权书等文件认证时，其身分证明如系在大陆地区制作之文书，依两岸人民关系条例第七条规定，及海基会业已签订‘两岸公证书使用查证协议’据以运作，仍应先办理验证，始可推定为真正。”

3.“内政部 1994 年 4 月 18 日台(八三)内户字第〇二一七三号函”：“台湾地区与大陆地区人民关系条例第七条规定：‘在大陆地区制作之文书，经行政院设立或指定之机构或委托之民间团体验证者，推定为真正。’同条例第七十四条第一项规定：‘在大陆地区作成之民事确定判决、民事仲裁判断，不违背台湾地区公共秩序或善良风俗者，得声请法院裁定认可。’申请人持大陆法院民事判决书及确定证明书申请离婚登记，依上开规定，该判决书及确定证明书应先经财团法人海峡交流基金会验(查)证，再经我法院裁定认可。经法院裁定认可后，则属台湾民法上之判决离婚，其离婚日期依我法院裁定确定日期为准。”

（二）否定说

1.“大陆委员会 1996 年 9 月 20 日（八五）陆法字第一一六四三号函”：“有关纳税义务人申报扶养大陆地区之亲属，于综合所得税结算申报年度内曾来台湾地区探亲，持有内政部警政署入出境管理局核发之旅行证复印件，如准作纳税义务人申报减除当年度扶养大陆地区亲属免税额之证明文件，是否符合‘台湾地区与大陆地

区人民关系条例’第七条之规定乙案：现行‘两岸公证书使用查证协议’之寄送公证书副本种类，已涵括‘扶养亲属’公证书副本在内，经海基会验证后，可提供纳税义务人申报扶养大陆地区之亲属，作为相关减免税额之证明文件之用，而其它用途之亲属关系证明，若非属寄送公证书副本种类范围之内，海基会则无从验证。至于内政部警政署入出境管理局核发大陆地区人民进入台湾地区之旅行证，其有关亲属关系证明文件多未经验证，应系基于政策审慎考虑之行政便宜；该局核发之旅行证复印件，作为纳税义务人申报减除当年度扶养大陆地区亲属免税额之亲属关系证明，是否具有证据力，依据两岸人民关系条例第七条本文暨立法理由以及同条例施行细则第八条规定，应请贵部（财政部）本于权责审酌认定。若其实质证据力之认定有困难，则仍应经由一定之验证程序为宜。”

2.“法务部 1997 年 4 月 22 日法八六律字第一一一〇一号函”：“关于未经财团法人海峡交流基金会验证之供大陆内地使用之公证书，户政机关可否径予采认疑义乙案，查台湾地区与大陆地区人民关系条例第七条规定之立法意旨，系以在大陆地区制作之文书，是否真正，查证不易，故明定经行政院设立或指定之机构或委托之民间团体验证者，推定为真正。惟所谓验证，仅就文书形式上之真正予以认定，例如查证文书上之签名、盖章是否属实，且经验证之文书系推定形式上为真正，故得以反证推翻之。至于该文书之实质内容是否真正，仍应由主管机关或法院审酌认定，是以同条例施行细则第八条第一项规定：‘依本条例第七条规定推定为真正之文书，其实质上证据力，由法院或主管机关认定。’依上开规定，大陆地区制作之文书，其经行政院设立或指定之机构或委托之民间团体验证者，仅系依法可不待证明而推定为真正而已。故如能依其它方式确认该文书形式上之真正者，似非不得径由主管机关或法院认定其实质上之证据力。”

3.“外交部 1997 年 11 月 15 日外（八六）领三字第〇三〇二八七三〇号函”：

“一、持中华人民共和国护照之华人向我驻外馆处申办授权书等文件证明时，其中华人民共和国护照得否视为身分证明文件事，本案前于八十三年间函据行政院大陆委员会（以下简称陆委会）函释复称，海外华人向我驻外馆处申办授权书等文件认证时，其身分证明如系在大陆地区制作之文书，依‘台湾地区与大陆地区人民关系条例’第七条及‘两岸公证书使用查证协议’规定，仍应先办理验证，始可推定为真正。惟由于中华人民共和国对其护照不进行验证，本部爰于近日再函请陆委会释明，顷据该会释复称，中华人民共和国护照得否作为大陆地区人民之身分证明文件，请本部或驻外馆处本于权责审酌认定，予以辨识。

二、查护照系国籍之证明及一国主权之表现，故上述陆委会函复表示台湾并未承认中华人民共和国护照在‘国籍’上之效力，惟其仍非不得作为大陆地区人民身分证明之文件。另该会虽于八十三年时函复海外华人向我驻外馆处申办授权书等文件认证时，其身分证明如系在大陆地区制作之文书，依上述规定仍应先办理验证，始可推定为真正。惟目前实务运作上，中华人民共和国护照非‘两岸公证书使用查证协议’之查证客体（因中华人民共和国不对其护照进行验证），且‘台湾地区与大陆地区人民关系条例’第七条亦未强制规定大陆地区制作之文书应经行政院设立或指定之机构或所委托之民间团体验证后，始推定为真正。此外参酌现行相关法规如‘大陆地区人民在台湾地区定居或居留许可办法’规定中华人民共和国证明文件应经验证，惟亦未包括中华人民共和国地区证照。故案经本（外交）部通盘考虑，同意嗣后驻外馆处遇此类申请案件时，现阶段可于查验中华人民共和国护照无讹后，权视为大陆地区人民之身分证明文件。”

从上述两说之所举函释之先后，可知以后说（否定说）为当。盖海基会所提供之验证程序应仅属便利查证之选择管道，不应具有强制性，至多仅为证据方法之一，而非唯一之证据方法。[①] 当事人若能提出其他确切事证，法院及主管机关应依自由心证加以判断，[②] 而非仅强求海基会之验证，造成大陆继承案件停滞之情况。唯“退辅会”上令下从，其所属服务及赡养机构莫不谨遵以经海基会验证之公证书为凭，参考前揭各“部会”解释，不无检讨空间。

第四节 实务对公法与私法认知之差异

第一项 公法与私法之区分

公法与私法之区分，为学界亘古争议。文献就二者之讨论可谓汗牛充栋，略可

---

① 参“陆委会”，《处理两岸法律案件之类型与经验》，自刊，1993年，第81页。

② “最高法院八十年度台上字第九三三号判决”曾谓大陆公证书未经海基会认证者不能推定为真正，而废弃原判决，彼时曾引起论者批评，认纵依“民事诉讼法”第三百五十八条规定，亦不能径认该文书为伪，而应仅课以加强举证责任而已，参林雅芬，“中共公证书及海基会认证之形式证据力”，《万国法律》第五十八期，第10至12页。在“两岸人民关系条例”施行之后，应不再援用。反而彼时台湾台北地方法院1991年家诉字第二十二号判决及1991年家诉字第八十二号判决秉自由心证，就大陆继承人授予代理权乙事认定当事人其他证据方法，颇为可采。前者谓：“……有经淮南市红十字会签证属实之委托书在卷可证外，并有原告致函证人○○夫妻之信件足稽，自属真实……堪信其已授原告合法委托。”后者谓：“除有原告亲笔具名，且经证人○○○见证，及经○○○到庭结证属实之民事委任状在卷可证外，并有原告致函○○○、○○○之信件二份在卷足稽，自堪信○○○已合法委任。”彼时如此，现更当然。

分为四说：[①]

一、利益说（Interessentheorie）

本说可溯源于罗马法（170—228 n. Chr.）之原则，谓公法系涉公共利益之法，公共利益由国家或其他公共团体为代表；私法则系关系个人利益之法。

唯事实上，公法之性质亦在保障既经衡量之私益，本说分类并不精确。且在今日无法明确界定公益之概念下，[②]公益与私益并非绝对相对立，所有之法律均在于维持人类共同生活之秩序。因此，私法亦具有公益性；另一方面，公法规定亦在保障私人利益，例如宪法基本权利之规定，是以本说少人采之。

二、从属说（Subordinationstheorie）

亦称权力说、加值说（Gewalten-oder Mehrwerttheorie）或主体说（Subjektionstheorie），依当事人之关系区分公法与私法。有权力之一方，得单方作成有拘束力之规定，例如发布法规及作成行政处分，规范上下隶属关系者为公法；双方经由缔结契约或协议，属于平等关系者为私法。

本说系以十九世纪干涉行政盛行之观念为根本，[③]将行政限于防止危险与干涉行政上。唯事实上，私法中亦有权力服从关系者（如亲子关系及监护关系）；公法中亦不尽然限于规定上下从属关系者（如行政契约）、公行政之事实行为（如提供信息、清理垃圾）及特定之请求权（例如不当得利之返还请求权），是以本说亦未尽妥适。

三、旧主体说（Aeltere Subjektstheorie）

该说认为，凡法律关系主体之一方为行政主体或国家机关者为公法；反之，若法律关系主体全属私人者为私法。

此说异于前述主体说之论点，仅以狭隘的形式判断，虽然直接，但并不完整。

---

① 学说分类将近二十种，参陈敏，《行政法总论》，自刊，1999 年，第 33 至 34 页。本文以吴庚之分类为原则，参吴庚，《行政法之理论与实用》，自刊，2001 年，第 28 页。另请参翁岳生编，《行政法 2000》（上册），自刊，2000 年，第 84 页；李惠宗，《行政法要义》，五南图书出版公司，2000 年，第 13 页；张家洋，《行政法》，三民书局，1991 年，第 11 至 18 页；陈计男，《行政诉讼法释论》，自刊，2000 年，第 5 页；刘宗德，《公法与私法之区别》，《行政法争议问题研究》（上），第 171 至 195 页，台湾行政法学会出版；盐野宏，《行政法》（I），月旦出版社股份有限公司，1996 年，第 349 至 350 页。

② 详参陈新民，《公共利益的概念》，收录于《宪法基本权利之基本理论》（上册），自刊，1996 年，第 129 至 180 页。但晚近吴庚氏定义公益为"社群中各个成员事实上利益，经由复杂的交互影响过程，所形成理想的整合状态"，已为台湾主流见解。

③ 参李惠宗，前揭书，第 13 页。

四、新主体说（Neuere Subjektstheorie）

系由德国行政法学者 Hans J. Wolff 所创，又称归属说（Zuordnungstheorie）、特别法规说（Sonderrechtstheorie）或修正主体说（Modifizierte Subjektionstheorie），其以法律所规定之权利义务归属主体（Zuordnungssubjekt）为区别公私法之标准，谓只要属于公法之法规，而任何人从此一法规获得权利或被课以义务者，即为高权主体。因此：

● 对任何人皆可适用，均有发生权利义务之可能，或得以实现其构成要件之法规者为私法，其为人人之法（Jedermannsrecht），国家亦在所谓“人人”之概念范畴内。有疑义时，推定为私法。

● 公法则系国家之特别法（Sonderrecht des Staates），为公权力主体或其机关所执行之职务法规（Amtsrecht），[①] 当公权力主体作为规范之相对人（Normadressat）时，属于公法，不纯依旧主体说仅以公权力主体判断而已。其赋予权利或课予义务之对象限于前述主体或其机关，而非任何人。另一学者 Erichsen 则谓：“公法为彼等至少有一归属主体为国家或其下级分支之法规的总体。”

例如民法有关契约之规定，对任何人，包括国家或公权力主体，作为一般人皆能适用，故为私法。但劳动法有关“劳动检查”之规定，公权力主体（地方政府）始能适用，故为公法。换言之，本说判断重点在于动态之公权力行使作用之法，非如旧主体说侧重在静态组织上之公权力主体。[②]

本说之优点在能切合实务判断之需要，容易掌握。唯论者谓不能说明公法与私法间究有何实质内容不同，[③] 且有下述缺点：

1. 作为归属主体之高权主体为何，并不明白。如认为高权系得依公法之标准而行为之能力，则陷入“以所欲定义之概念为定义”之循环论断。如以高权主体为国家依法设立之主体，则在国家亦有依法设立私法主体之情形，该规范私法主体之法律岂不因之而为公法！是以本说并不合理。

2. 大部分公法规定系同时以国家及个人为期规制对象及归属主体。

3. 本说以归属主体之存在为其前提，因此不能说明据以成立高权主体（归属主体）之组织法性质。

---

① 吴庚，前揭书，第 28 页。例如私人受委托行使公权力（如前述海基会受“陆委会”委托验证大陆公证书）即然。

② 参李惠宗，前揭书，第 14 页。

③ 参陈敏，《行政法总论》，自刊，1999 年，第 34 至 35 页。

4. 就国家立于私法主体地位而为规定之法律，并不因其归属主体系国家而为公法。

以上缺点，本说主张者嗣加以修正，谓法律之归属主体至少有一方为高权主体，并就其所以为高权主体之地位而规定其权利、义务或组织者，乃为公法。该理论就国家此一主体添加公权力之实质要素，论者称为“实质之特别法说”（Materielle Sonderrechtstheorie），前述原特别法说则改称为“形式之特别法说”（Formale Sonderrechtstheorie）。且此所谓国家高权（Hoheitliche Gewalt）不仅包括国家，尚及于国家下属组织及经授予公权力之私人。国家或其他高权主体，如立于私人地位而为财产主体或交易当事人，法律纵对其设有特别之规定，亦应属于私法。如本研究中，纵“退辅会”为行政机关，法律关系仍为私法。

此外，学者 H. G. Wilke 及 F. Kopp 亦提出修正意见，[①] 另称之为“新特别法说”。其将公法与私法之区别重点置于立法者于订立法规之际所作之决定，“若基于公共利益之维护，将特定之范围或某项规定从一般法律规范（即私法）中分离，而成为特别法规，即为公法”。

论者虽谓其仍不脱利益说或传统主体说之见解，[②] 仅透过“唯一”（Ausschliesslich）乙语将公法范围加以限缩。唯其已为现行德、日通说，仍较为可采。

了解前述理论之余，始能就实务见解基于何说而论其优劣，进而讨论诉讼上之救济途径。“大法官”曾华松教授就其差异曾谓：“一事件究属民事诉讼处理之对象，抑或行政诉讼解决之标的，一百多年来，无论古今中外，类皆有诸多争论及判例，两者明确界限之划分，委实有其困难。尤以现代国家其行政职务显著增加，行政作用有其广泛多歧的内容与型态，权力关系与私经济关系往往交错难以区分，而行政上的事实行为，以及新行政现象之给付行政作用，其虽有介入公权力之行使，但从实质上、实态上观察，或许会被认为纯属私经济作用。行政诉讼与民事诉讼之界限，在此限度内其区分既有困难，而其重迭起诉复有可能，则为求人民权利救济之必要性及司法统制之重要性，则袛好尊重当事人程序选择权之自由，尽量予以允许，认为其起诉程序并无不合。尤应注意个案拘束原则，依具体个案分别妥适认定，切忌利用‘私法逃避’方法，不问具体事实如何，认与私权有关，一律推由民

① 吴庚，前揭书，第 29 页。

② 黄锦堂，《行政法的概念、起源与体系》，收录于翁岳生编，前揭书，第 85 页。

事法院处理。”[①]

笔者深表赞同曾氏见解，按“有权利即有救济”（Ubi jus, ibi reedium），乃法治之基本要求，应注重权利救济之完善性及完整性。[②] 参酌“司法院大法官会议释字第 466 号解释”，“立法机关”应依职权衡酌诉讼案件之性质及既有诉讼制度之功能等为设计，在早期行政诉讼不发达之时，尤应从宽认定。而在“两岸人民关系条例”制定后，单身亡故去台老兵遗产事件之私法性质已无争议，自应依普通法院审理。

虽现今实务几均肯认是类事件系私法关系，唯仍有部分不同见解，遑论在行政法发展不甚受重视之早期，“退辅会”动辄以衙门大小及依“法律”所为为由，以强凌弱。兹就实务早期及晚期见解之差异，举其要者探讨如下，俾鉴往知来，并厘清观念。

第二项 早期实务见解

在“两岸人民关系条例”施行前，“退辅会”似采旧主体说见解，径认为单身亡故去台老兵遗产管理系公法关系，致迭与大陆继承人或利害关系人发生争执。以台湾台北地方法院 1990 年家诉字第一一一号判决为例，该会（即被告）之答辩理由即为：

“一、系争事件应为行政救济程序之对象，普通法院对此无审判权：

（一）按民事诉讼者，乃为保护私法上权利，请求国家司法机关确定其权利存否之法定程序也，[③] 故须其案件之性质为私权之争执者，始足当之；而人民如因中央或地方机关基于公法上之权力，就特定事项，对特定人所为之意思决定，发生一定效果致受损害时，[④] 则应依诉愿法提出诉愿、再诉愿或依行政诉讼法向行政法院提出行政诉讼，以求救济，普通法院就该等事件无审判权。

---

① 参曾华松著，《理论之实践和实践之理论——最高行政法院判例之检讨》，《法令月刊》第五十一卷第十期，第 212 页。“司法院大法官会议释字第 466 号”则谓视“立法机关”依职权衡酌诉讼案件之性质及既有诉讼制度之功能等为设计。纵在“行政诉讼法”修正增加给付之诉（该“法”第八条规定）情形下，管见认单身亡故去台老兵遗产事件仍应依普通法院审理。

② 参蔡志方，《论行政诉讼法上各类诉讼之关系》（上），《月旦法学杂志》第五三期，第 112 页。

③ 行政争讼与民事诉讼之比较请参吴庚，《行政争讼法论》，自刊，1999 年，第 4 页。

④ 该概念即系行政处分之意义，在彼时并无错误。嗣“司法院释字第 423 号解释”、新修“诉愿法”第三条及“行政程序法”第九十二条规定皆予扩大认定，俾便救济。请参吴庚，《行政法之理论与实用》，自刊，2001 年，第 287 页；翁岳生编，《行政法 2000》，自刊，2000 年，第 543 页；李惠宗，《行政法要义》，五南图书出版公司，2000 年，第 287 页；陈敏，《行政法总论》，自刊，1999 年，第 269 页；张家洋，《行政法》，三民书局，1991 年，第 585 页。唯本件并非从救济观点，反而似拘泥于本位主义为之。

（二）本被告乃为统筹国军退除役官兵辅导事宜，依‘行政院国军退除役官兵辅导委员会组织条例’设置，直接隶属于行政院之国家中央官署。对本件被继承人（即故去台老兵）遗产之保管权及其发还之时机、作业程序与具领方法等，均系依‘国军退除役官兵辅导条例’即依该条例之授权而订制之‘国军退除役官兵死亡暨遗留财物处理办法’之规定处理。①故被告保管权之产生非本于私法上之法律关系，乃公权力之行使，系依法令所为之行为，则系争事件乃因行政权作用之结果，非私权之争执甚明。

（三）又被告对保管被继承人之遗产及应发还继承人等并无争执，仅因前述法令之规定，须俟光复大陆后再依法定程序发还而已，②亦足见系争事件非为私权之争执。故普通法院对系争事件应无审判权，原告应依行政救济程序行使权利才是。

二、被告系依‘行政院国军退除役官兵辅导委员会组织条例’设置，直隶于行政院，以统筹国军退除役官兵辅导事宜之中央官署。为顾全国军退除役官兵之辅导安置及应享权益，于民国五十三年并有‘国军退除役官兵辅导条例’之制颁。且于该辅导条例第一条即开宗明义揭示‘国军退除役官兵之辅导安置及应享权益，依本条例之规定；其未规定者，适用其它法律。’以显示其为民事特别法之地位。于该辅导条例第三十三条明文‘本条例各项规定之实施细则及办法，由辅导会及有关机关分别拟定，报请行政院核定之。’作为被告得视实际需要拟定实施办法之授权依据。被告乃基于前揭辅导条例第三十三条之授权，拟定‘国军退除役官兵死亡暨遗留财物处理办法’报请行政院核定后颁布，并于处理办法第一条明文该办法系专为处理国军退除役官兵死亡暨遗留财物而设之旨。

三、依中央法规标准法第二条及第四条规定，条例为法律之一种，系经立法院三读通过，总统明令公布者。既前揭辅导条例第三十三条将有关退除役官兵辅导安置及应享权益事项之实施细则及办法明文授权被告得拟定处理办法，并报请行政院核定后即可施行，是则在法之位阶上而言，‘国军退除役官兵死亡暨遗留财物处理办法’当具法律之性质无疑，③且与‘国军退除役官兵辅导条例’同为民法之特别

---

① 嗣改为“退除役官兵死亡无人继承遗产管理办法”。

② 管见以为其仅为发还遗产之条件（即以将来客观上不确定事实之成就或不成就，决定法律行为效力发生或消灭之一种附款，参施启扬，《民法总则》，自刊，1987年，第264页。）不能进而推论非属私权纷争。

③ 这句话的意思颇堪玩味，按该办法得归类于广义之法（Recht）之下，尚不能严格以法律（Gesetz）视之。依德儒 Radbruch 见解，法可定义为“社会生活一般的、实证的规范总体”（Inbegriff genereller , positiver Normen fuer das soziale Leben），是以从前者言之也未必不对。参林文雄，《法实证主义》，自刊，1993年，第152页。唯本件原告仍有三点反驳。

法。则原告本乎民法规定提起本件诉讼，姑不论当事人适格否，其请求亦无理由。”

上揭概念似与现今公法学观念有间，是以本件原告就之有如下反驳：

“一、一事件究为行政争讼之范围，抑为民事诉讼之权限，在民事程序上应以原告起诉所主张诉讼标的之法律关系由形式上认定，① 而非以法院判断之结果为准。本件原告系本于继承后之财产所有权被侵害为由提起本件诉讼，所主张者为私法上之权利义务关系，故 钧院对此案件有审判权，应无疑义。

二、（一）被告主张‘国军退除役官兵死亡暨遗留财物处理办法’系以‘国军退除役官兵辅导条例’授权订定，具法律性质，并无理由：

1. 按由法律授权订定之授权命令，于该命令第一条须明示其授权之依据。查系争‘国军退除役官兵死亡暨遗留财物处理办法’第一条仅订：‘行政院国军退除役官兵辅导委员为处理国军退除役官兵死亡暨遗留财物，特订本办法’。并未明示其授权之依据为何？故其非具法律性质之授权命令。②

2. 按由法律授权制定之授权命令，该命令规范事项须于法律授权范围内，③ 否则即超越母法，非为合法之授权命令。查被告主张系争‘国军退除役官兵死亡暨遗留财物处理办法’授权依据为前揭辅导条例第三十三条，该条例第三十三条虽规定：‘本条例各项规定之实施细则及办法，由辅导会及有关机关分别拟定，报请行政院核定之。’但查该条例仅对退除役官兵之就业、就医、就养、就学、优待及救助等事项有所规定。因之第三十三条所称授权由辅导会另订办法之‘本条例各项规定’即指上述事项，并不包含退除役官兵遗物处理。故‘国军退除役官兵死亡暨遗留财物处理办法’若果如被告所主张系依前揭辅导条例第三十三条之授权，则该办

① 进一步之区分可参李惠宗，《行政法要义》，五南图书出版公司，2000 年 9 月，第 616 页；吴明轩，《中国民事诉讼法》（上册），自刊，1993 年，第 9 页；吴庚，《行政争讼法论》，自刊，1999 年，第 4 页。另学者蔡志方曾从两者之共通性加以探讨，蔡志方著，《论行政诉讼与民事诉讼共通之制度与法理》，《月旦法学杂志》第四十七期，第 41 至 65 页。

② 行政命令之分类原依“中央法规标准法”第七条可区分为授权命令及职权命令；“行政程序法”第一百五十条及一百五十九条则区分为法规命令及行政规则两种。请参吴庚，《行政法之理论与实用》，自刊，2001 年，第 261 至 270 页；翁岳生编，《行政法 2000》，自刊，2000 年，第 454 至 465 页；李惠宗，《行政法要义》，五南图书出版公司，2000 年 9 月。第 420 页；张家洋，《行政法》，三民书局，1991 年，第 557 至 562 页；程立民，《论九二一紧急命令及其执行要点》，《现代地政》第二二六期，第 35 页；蔡文斌，《析论行政命令的国会监督》，《全国律师杂志》，2000 年 2 月号，第 38 页；盐野宏，《行政法》I，月旦出版股份有限公司，1996 年，第 77 页。

③ 相关论述请参德国基本法第八十条：“联邦政府，联邦部长或州政府得依法律之授权，制颁法规性命令（Rechtsverordnung）。授权时，应在该法律中确定授权之内容、目的及范围。在法规性命令中应表明其制定之法律依据。法律规定基于该授权得更为复授权者，则该复授权应以法规性命令为之。”参黄茂荣，《法学方法与现代民法》，自刊，1993 年，第 11 页。

诉愿决定，递自程序上予以驳回，并无违误。原告复提起本件行政诉讼，自非合法，应予驳回。”

该裁定更进一步，连是否系民事讼争都只字未提，径以非行政处分裁定驳回。吾人虽能体会行政法院案多事烦，唯若能于裁定中就诉讼标的法律关系有所叙及，将有益于人民对司法权之信服。[①]

从前述之实务见解，管见以为，径予驳回之结果不特造成当事人程序上之不利益，亦导致实体上之不利益，而影响其“宪法”第十六条明文保障之诉讼权。[②]论者谓在行政诉讼与民事诉讼两体系间，[③]容有彼此交错之领域，而存有“程序选择权”之法理。依据“程序选择权”所据以形成之国民法主体性、程序主体性及程序主体权等原理，为使人民真正能实现及确保其实体利益及程序利益，在无害于纳税人使用制度之利益（公益）之前提下，关系之人民不仅应在实体上享有处分权，且对于足资保障其权利之程序或途径，亦应享有处分权及选择权。在此情形及行政法院、民事法院均未强烈坚持其审判权归属之情况下，既然权利保护制度之有所不足，人民自得选择较有效之救济途径为之，俾体现法治国家之司法不得拒绝正义之给予原则（Prinzip des Verbots der Versagung einer Gewaehrung der Justizgerechtigkeit）。论者另谓此种公、私法难以区分之危险，[④]不应由当事人负担，而应认系一种社会危险，就适用有疑义时，当事人得于任一法院起诉。在方式上，依审理合法要件阶段及本案判决阶段而不同：前者应允许当事人就审判权之裁判得合并提起预备（先位主张系请求民事法院就某诉讼标的及诉之声明加以审理、裁判；备位主张则为民事法院认为其无审判权，则留待原告向行政法院请求裁判而有结论后，民事法院始为准驳之裁判）或选择主张（向民事法院或行政法院起诉）。[⑤]后者只要具体判定有权利义务关系，至于其究竟属于公法关系或私法关系，并不重要。至于

---

① 尤其在近年来民事、行政等法领域分别强调“法主体性”（Rechtssubjektivitaet）的同时，写一个让人民折服的判决书有其必要。前者请参江玉林，《法主体性之建构与自由理念》，《杨日然教授纪念论文集》，月旦出版社股份有限公司，1997年，第21至99页；后者参考施俊尧，《浅谈刑事判决简化》（上），《司法周刊》第一〇二五期，2001年4月4日，第二版。

② 参照“司法院大法官会议释字第305、466号解释”就行政诉讼与民事诉讼之救济途径说明。

③ 蔡志方，《论行政诉讼与民事诉讼共通之制度与法理》，《月旦法学杂志》第四十七期，第54至55页。

④ 邱联恭，《民事法院与行政法院的职权冲突问题》，载《民事诉讼法之研讨》（二），民事诉讼研讨会，1987年9月，第289页以下。

⑤ 邱教授谓二者之一有审判权，若民事法院（或行政法院）认为本身有审判权者则应为本案审理及判决；若认无审判权，则留待原告向行政法院（或民事法院）请求救济而有论后，民事法院（或行政法院）始为准驳之裁判。

在审理上，若在民事法院系属，因含行政诉讼色彩，应缓和当事人进行主义而加强职权主义；[①]若在行政法院系属，因含民事诉讼色彩，应缓和职权主义而加强当事人进行主义。此即为学者所称之“构筑中间程序”。[②]管见认为从扩大诉讼制度解决纷争之角度观之，未来立法似可朝此方向修正。

---

① 关于该二主义之概念及批评参林山田，《别迷失在主义的丛林中》，《台湾本土法学杂志》创刊号，第8及15页。

② 邱联恭教授独创见解，相关概念请参前揭文。

第五章 结论与建议

在思考的层次上，本书的上位概念是如何掌握及落实宪法学之社会国原则(Grundsatz des Sozialstaates)。反映在私法领域中，特别是本研究所关注的单身亡故去台老兵的遗产管理制度，亦须遵循不悖。该原则在台湾可称为“民生原则”，其主要目的在于使人民的生活能够真正获得安和乐利，且必须与其他“自由”“民主”及“法治”原则相结合。[①]当局授服役多年的退伍老兵“荣誉国民”的称谓，并提供大量的社会福利资源，与其他弱势族群相比，照顾不可不谓优渥，甚至及于彼等往生后的遗产管理，这也是本制度之由来。

古语有云：“法与时转则治，治与时移则有功”。[②]为因应台湾与大陆进一步的交流，“两岸人民关系条例”的施行，使单身亡故去台老兵之遗产管理有了较为明确的法制基础，一改旧时之乱象，唯其仍未臻理想。本研究在介述单身亡故去台老兵遗产的意义及性质后，进而探讨主管机关“退辅会”就单身亡故去台老兵遗产管理之法制及运作，从法制变化的沿革析论，并详列“退辅会”任遗产管理人应尽之职务，使读者能有清楚及全面的认识。

次就单身亡故去台老兵遗产管理实务所生问题及争议，举其要者如遗产管理人与其他财产管理人职务竞合，大陆公证书真伪及不实疑义，以及公、私法实务观点差异等争点着墨，力求完整呈现该会遗产管理上之困难及复杂。

而在研究的过程中，有不少的研究发现及心得，并拟于日后进行后续研究。以下将分节叙述：

---

① 参李惠宗，《宪法要义》，元照出版公司，2001年8月，第673页。

② 韩非，《心度篇》。

第一节　研究发现

“退辅会”近年来虽挹注大量心力于此，唯囿于政府社会福利预算的紧缩，[①]经费及人力显有不足，[②]处理上倍感吃力。特别是在部分大陆不肖继承人处心积虑打单身亡故去台老兵遗款的主意下，[③]“退辅会”在遗产管理人职务执行上尤应审慎，加强大陆公证书之审查，避免错发情事，影响真正继承人权益。

除了在前述各章节中已为该制度之细部评论外，并发现这个制度可议论之处甚多，甚至包含其存在价值。综合来说，计有下列数点：

一、相关法制不足，[④]部分规定欠缺法源基础，甚或有违“宪”争议（如表示继承期间三年的限制）。

二、该制度牵涉层面甚广，诸如“移民署”及地政事务所等各行政机关，乃至于司法上各级法院都未臻明了。

三、主管机关作风保守，唯恐动辄图利；承办人员人力及法令认识不足[⑤]，处理能力有限。

四、两岸查证事务流于形式及消极，未能具体、迅捷及正确。

五、在做法上，“退辅会”未能与其他身份公民之遗产管理机关（一般民众：“国有财产署”；军人：“国防部后备指挥部留守业务处”）做法一致。形成同为“中华民国”公民，却因身份差别之故而有不同的处理方式，甚而造成申请继承之当事人怨怼。

---

① 论者谓资本主义国家只针对有特殊需要者进行，避免浮滥的福利支票。参万育维，《社会福利服务》，1998 年 8 月，第 32 页；李孟融，《福利国家的宪法基础——及其基本权利冲突之研究》，《法理学论丛》，1997 年 6 月，第 282 页。

② 此种分配性问题，在福利国家尤然。See Davis B. Bobrow and John S. Dryzek, *Policy Analysis by Design*, U. of Pittsburgh (1989), p.37 .

③ 依 2011 年 4 月 7 日侨报网，“退辅会”解缴“国库”之单身去台老兵遗款由 1999 年迄至 2011 年 2 月止已逾新台币百亿元。

④ 台湾“监察院于 2001 年 090 国正 0023 号纠正案”，认定“行政院国军退除役官兵辅导委员会及其所属苗栗县荣民服务处，对于去台老兵遗产之管理及办理去台老兵丧葬等作业，未切实依规定监督与执行，核有违失”，于该案第五页认定“退辅会”有关善后等法制作业未能及时配合，参 http://www.cy.gov.tw/sp.asp?xdUrl=./di/edoc/eDocForm_Read.asp&ctNode=911&AP_Code=eDoc&Func_Code=t02&case_id=090000162。

⑤ 同前注，第 4 页。

第二节 研究建议

前已叙明在研究过程中，所发现该制度面临的不足之处，主管机关除应加强遗产管理人职能外，本研究尚有如下建议：

一、在信息公开上："退辅会"应经常性公开其职务执行措施及统计，使大众了解其系依法行政，避免外界误解，[①]认为"退辅会"黑箱作业，人谋不臧。

二、在法制设计上：现行法屡见遗产管理人与遗嘱执行人等职务竞合之情形，为定纷止争，宜透过立法明文方式杜绝争议，亦不至使当事人屡加兴讼，徒然造成司法资源浪费。

三、在管理效能上：就不合时宜、效率低落之遗产管理行为（如去台老兵遗留不动产之拍卖），"退辅会"应思谋改进，甚得委外为之。若能更进一步增加承办人员教育训练，明确作业流程及判断标准，[②]甚而引进志工在单身去台老兵生前即予协助照顾，[③]则该会所属赡养及服务机构在任遗产管理人时将更能胜任，不致引以为苦。尤其是现今迄未有一套明确的遗产管理参考标准，更缺乏建立"遗产管理法令汇编"或类似德国注释书般体例之参考书籍，有待该会嗣后妥为编撰。此外，该会之"亡故去台老兵遗产系统"也亟待更新，可以导入影像系统等电子化管理功能，以加强管理效能及技术。

四、在知识经济上："荣民荣眷基金会"除提供去台老兵荣眷奖学金等服务项目外，更应积极扮演"退辅会"智库的角色，适时提供兴革意见。民间（如周祖孝文教基金会等公益团体）及学术界的充沛资源，"退辅会"亦应有效运用。

五、在人事制度上：考选部及铨叙部应放宽退伍特考之应试资格及录取人员转调限制，甚或纳入高普考考试类科之中，以活化"退辅会"人力结构及素质，俾更能胜任类遗产管理之艰难业务。

六、在组织变革上：有必要将各不同遗产管理机关（"退辅会""国有财产署""国防部后备指挥部留守业务处"）该部分业务整合、集中，成立专责机构，由

---

① 特别是在驳回当事人申请之情形，其裁量是否恣意？常令被驳回人不服而争讼。该概念请参 Michael Hill（1997），"Rules and discretion in public and administrative law"，*The Policy Process in the Modern State*（3rd ed.），pp.178-181.

② 参黄锦堂，《行政法的概念、起源与体系》，收录于翁岳生编，《行政法 2000》（上册），自刊，2000 年，第 57 页。

③ 参 Peter F. Drucker（1990），*Managing the Non-Profit Organization*, 余佩珊译，《非营利机构的经营之道》，远流出版公司，1999 年，第 205 至 214 页。若能充分运用，将能弥补该会人力不足，唯现效果仍未显著。

深晓法规之高素质人员承办，避免各机关现在欠缺横向联系及步伐不一之情形。以目前每年解缴约十亿台币至“国库”的规模来看，这样的统整是有其必要的。

七、在机关互助上：依“行政程序法”第十九条规定“行政机关为发挥共同一体之行政机能，应于其权限范围内互相协助”。遗产管理业务，常与各行政机关业务竞合，但“退辅会”特殊组织气候，形塑了组织与成员的闭塞性格，缺乏与其他机关间的沟通与互助，造成工作上的效能欠佳。职是之故，应多加强与其他机关间的协调沟通，以增进效能。

第三节　后续研究

放眼世界各国，即使类如英、美公认之福利国家，亦未见将社会福利政策对象延伸至往生者之遗产管理，[①] 至多至殡葬阶段而已。台湾单身亡故去台老兵遗产管理制度算是国际社会法制体例上之特例。固然论者有谓社会其他社群未有如此福利，政策上应采普遍（Universal）主义。[②] 唯拙见以为，依人口比例，去台老兵之平均年龄已趋高龄，迥异于其他社群，当局基于历史及其特性予以特殊照顾，符合现代社会法治（Sozialer Rechtsstaat）原则。[③] 在此前提之下，单身亡故去台老兵遗产管理制度仍有其存在之正当性及必要性，只是要怎么做，才最为妥宜。[④]

虽然前“文建会”（现已改制为“文化部”）在“弱势文化政策补助方案”计划中，已将眷村住民（人口比例最大厥为去台老兵）冠上新名词为“新住民”，和“原住民”并列为弱势族群。[⑤] 然从相对的角度而言，“去台老兵”这个族群，长久以来受到国民党当局的独厚，其他弱势族群在社会福利资源的分享上，瞠乎其后，远远不及。“退辅会”年度预算约新台币一千二百亿元，排名顺位仅次于“国防部”及“交通部”，掌管业务内容包括医药、食品、瓦斯、休闲农场等项目，[⑥] 本来应辅

① 笔者详览英、美、澳等国退伍军人网站均无见类我制度；另参冈村重夫，《社会福祉原论》，“全国社会福址协议会”，1983 年，第 195 页。

② 阿部志郎、井岡勉合著，《社會福祉の国際比較》，有斐阁，2000 年，第 163 页。

③ 参陈敏，《行政法总论》，自刊，1999 年 12 月，第 22 页；葛克昌，《国家学与国家法》，月旦出版社股份有限公司，1996 年，第 48 至 49 页。

④ 特别是行政法制大幅革新（如“行政诉讼法”新增给付之诉类型）及成熟后，本制度是否有从私法过渡为公法制度之必要？使当事人在面对“退辅会”所属赡养或服务机构所为特定具体之法律行为得循行政争讼方式为之，容有探讨之空间。

⑤ 参《中国时报》2001 年 8 月 20 日，第 14 版。

⑥ “退辅会”在台湾各地的所属机关有 16 所“荣民之家”、19 所“荣民服务处”、15 所“荣民医院”（包含 3 所总院及 12 所总院分院）、5 处农场机构以及“荣民工程公司”等机构。

导、服务去台老兵的社会福利机关，在性质及方向上似乎与原先设置目的已有所差异。

笔者在研究之余，鉴于其施政之满意度及相关研究甚为缺乏，不以此为满足，日后拟以此为基石发展以下研究：

一、“退辅会”居于首屈一指的社会福利机关，如何将其分配预算发挥最大及应有的功效；在组织及法制上应为如何设计。

二、老人福利政策之制定及资源分配。配合未来实施“国民年金”或老人津贴制度，制定完善社会福利政策，整合有限的社会福利资源。

三、从法学角度探讨现今社会福利法制，强化其立法政策与技术。

台湾地区领导人马英九于上任后，在政策上缓和了两岸对立的紧张，并曾就与大陆人民法制上的保障提出“婚姻移民人道待遇及工作权保障”的移民政见，秉持“反歧视”、“民主国家的法治原则”、“保障真实婚姻的大陆配偶在台生活基本权益”、“假结婚应杜绝于外”四项原则，并修正“两岸人民关系条例”相关规定。该等相关修正规定已落实于 2009 年 8 月 14 日开始施行，其重点如下 ：

1. 全面放宽大陆配偶工作权：大陆配偶只要合法入境并通过面谈，毋需申请许可，也毋需等待二年，即可在台工作。

2. 缩短取得身份证时间为六年：取消“团聚”二年的规定，调整大陆配偶取得身份证的时间，从现行八年缩短到六年。

3. 增订强制大陆配偶出境前召开审查会的规定：对于大陆配偶有逾期停留或犯罪行为等得依法强制出境之情形，增订强制大陆配偶出境前，“内政部入出国及移民署”得召开审查会的规定，并给予当事人陈述意见的机会。

4. 取消大陆配偶继承不得逾二百万元的限制：考虑大陆配偶本于婚姻关系的生活及财产权益，取消大陆配偶继承不得逾二百万元的限制，并放宽长期居留的大陆配偶可以继承不动产。

其中第四点方面，已突破以往长久对于继承遗产上的限制，殊为可贵。此外，虽然 2006 年“司法院释字第 618 号”云“鉴于两岸目前仍处于分治与对立之状态，且政治、经济与社会等体制具有重大之本质差异，为确保台湾地区安全、民众福祉暨维护自由民主之宪政秩序，所为之特别规定，其目的洵属合理正当”。但在 2013 年的“释字第 712 号解释”已见对两岸关系放宽的曙光：“鉴于两岸关系事务，涉及政治、经济与社会等诸多因素之考虑与判断，对于代表多元民意及掌握充分信息之立法机关就此所为之决定，如非具有明显之重大瑕疵，职司法律违宪审查之释宪机关固宜予以尊重……为减少干预人民收养子女之自由，相关机关对台湾地区人民收养大陆地区人民之其它相关规定，仍应考虑两岸政治、经济及社会因素之变迁，适时检讨修正”，未来日后必有更多开放的空间。苟能朝这些方向为进一步研究，将有助法学、公共行政与社会福利制度间的科际整合，也不枉这些飘洋过海的来台老兵，他们以生命为本研究提供素材。

参考文献

一、书籍

B. Guy Peters (1993), *American Public Policy: Promise and Performance,* (3rd ed.), N.J.: Chatham House.

Chava Frankfort-Nachmias、David Nachmias, *Research Methods in the Social Sciences*，潘明宏译，《社会科学研究方法》（上册），韦伯文化事业出版社，1999 年 5 月版。

Davis B. Bobrow and John S. Dryzek (1989), *Policy Analysis by Design,* U. of Pittsburgh.

Earl Babbie, *The Practice of Social Research*，李美华等译，《社会科学研究方法》（下册），时英出版社，1998 年 2 月。

Michael Hill (1997), *The Policy Process in the Modern State* (3rd ed.), Prentice Hall.

Peter F. Drucker (1990), *Managing the Non-Profit Organization*，余佩珊译，《非营利机构的经营之道》，远流出版公司，1999 年 4 月。

阿部志郎、井岡勉合著，《社會福祉の国際比較》，有斐閣，2000 年 3 月。

蔡辉龙，《论海峡两岸亲属法制》，五南图书出版公司，1994 年 11 月。

蔡茂寅、李建良、林明锵、周志宏等合著，《行政程序法实用》，学林文化事业有限公司，2001 年 1 月。

蔡志方，《行政救济与行政法学》（三），学林文化事业有限公司，1998 年 12 月。

陈计男，《破产法论》，三民书局，1999 年 9 月。

陈计男，《行政诉讼法释论》，自刊，2000 年 1 月。

陈　敏，《行政法总论》，自刊，1999 年 12 月。

陈棋炎、黄宗乐、郭振恭合著，《民法继承新论》，三民书局，1993 年 8 月。

陈荣宗，《破产法》，三民书局，1997 年 11 月版。

陈新民，《宪法基本权利之基本理论》，自刊，1996 年 1 月。

陈新民，《中华民国宪法释论》，自刊，1997 年 9 月。

储有德、唐淑合著，《各国法律之比较与作用》，永然文化出版股份有限公司，1993年6月。

戴东雄，《继承法实例解说》（一），自刊，1987年5月。

戴东雄、刘得宽合著，《民法亲属与继承》，五南图书出版公司，1988年6月。

戴炎辉，《中国法制史》，三民书局，1991年2月。

戴炎辉、戴东雄合著，《中国继承法》，自刊，1992年3月。

冈村重夫，《社会福祉原论》，"全国社会福祉协议会"，1983年1月。

高凤仙，《亲属法——理论与实务》，五南图书出版公司，1998年9月。

葛义才，《非讼事件法论》，自刊，1993年1月。

耿云卿，《破产法释义》，五南图书出版公司，1996年4月。

管欧、刘德宽、蔡墩铭、陈荣宗、赖源河合著，《法律类似语辨异》，五南图书出版公司，1997年2月。

郭登科，《大陆法院审理涉台案件问答》，永然文化出版股份有限公司，1994年10月。

黄　进，《区际冲突法》，永然文化出版股份有限公司，1994年8月。

黄茂荣，《法学方法与现代民法》，自刊，1993年7月。

黄志伟，《不动产登记理论与实务》（下），永然文化出版股份有限公司，1994年8月。

李鸿毅，《土地法论》，中国地政研究所，1995年10月。

李后政，《两岸民事关系条例与审判实务》，永然文化出版股份有限公司，1994年11月。

李惠宗，《权力分立与基本权保障》，韦伯文化事业出版社，1999年3月。

李惠宗，《行政法要义》，五南图书出版公司，2000年9月。

李惠宗，《宪法要义》，元照出版公司，2001年8月。

李惠宗、林世超编著，《公、认证书状范例》，永然文化出版股份有限公司，1989年4月。

李建良，《宪法理论与实践》（二），学林文化事业有限公司，2000年12月。

李永然，《大陆法律八讲》，永然文化出版股份有限公司，1993年6月。

李永然，《海峡两岸常用法律词语释义——民刑行政诉讼暨司法》，永然文化出版股份有限公司，1994年12月。

李永然、陈庆洪，《中华人民共和国处理涉台事务法律要点》，永然文化出版股份有限公司，1993 年 8 月。

李永然、黄振国，《继承权益与遗嘱书范例》，永然文化出版股份有限公司，2000 年 3 月。

林明德，《我现行司法实务对大陆人民法律案件判决之研究及检讨》，财团法人海峡交流基金会，1993 年 5 月。

林文雄，《法实证主义》，自刊，1993 年 4 月版。

林秀雄，《家族法论集》（三），汉兴书局有限公司，1995 年 10 月。

林秀雄，《民法亲属继承争议问题研究》，五南图书出版公司，2000 年 10 月。

林子仪，《权力分立与宪政发展》，月旦出版社股份有限公司，1993 年 10 月。

卢锦芬，《如何办理法院公、认证》，永然文化出版股份有限公司，1995 年 7 月。

罗传贤，《行政程序法论》，五南图书出版公司，2000 年 12 月。

钱国成，《破产法释义》，五南图书出版公司，1984 年 11 月。

钱国成，《破产法要义》，自刊，1986 年 11 月。

施启扬，《民法总则》，自刊，1987 年 4 月。

施启扬，《中国大陆法制研究》，"司法院"，1996 年 6 月。

万育维，《社会福利服务》，三民书局，1998 年 8 月。

王书江、曹为合著，《日本民法》，五南图书出版公司，1992 年 8 月。

王树鸣，《海峡两岸常用法律词语释义——民、刑、行政诉讼暨司法》，永然文化出版股份有限公司，1994 年 12 月。

王树鸣，《认识大陆司法环境》，永然文化出版股份有限公司，1995 年 2 月。

王文宇，《民商法理论与经济分析》，元照出版公司，2000 年 5 月。

王泽鉴，《民法物权第一册——通则、所有权》，自刊，1992 年 9 月。

王泽鉴，《民法实例研习——民法总则》，自刊，1993 年 9 月。

王泽鉴，《民法学说与判例研究》第七册，自刊，1994 年 8 月。

翁岳生编，《行政法 2000》（上）、（下），自刊，2000 年 7 月。

吴庚，《行政争讼法论》，自刊，1999 年 5 月。

吴庚，《行政法之理论与实用》（第七版），自刊，2001 年 8 月。

吴明轩，《中国民事诉讼法》上册，自刊，1993 年 11 月。

务实法学基金会，《判解研究汇编》（二），自刊，1997 年 12 月。

务实法学基金会，《判解研究汇编》（三），自刊，1997 年 12 月。

谢在全，《民法物权论》（上），自刊，1992年6月。

“行政院大陆委员会”，《处理两岸法律案件之类型与经验》，自刊，1993年5月。

“行政院大陆委员会”，《大陆政策问答手册》，自刊，1993年9月。

“行政院大陆委员会”，《中华人民共和国婚姻法与继承法之研究》，自刊，1993年9月。

“行政院大陆委员会”，《大陆民事诉讼法之研究》，自刊，1993年10月。

“行政院大陆委员会”，《大陆工作法规汇编》，自刊，1996年9月（该会网站已公布）。

“行政院国军退除役官兵辅导委员会”，“行政院国军退除役官兵死亡善后处理及无人继承遗产管理作业程序”，自刊，1997年12月。

“行政院国军退除役官兵辅导委员会”，《问题与说明》，自刊，2000年8月。

“行政院国军退除役官兵辅导委员会”，《我们的服务》，自刊，2000年9月。

许光泰，《中华人民共和国法制论》，台湾商务印书馆，1989年3月。

许宗力，《法与国家权力》，月旦出版社股份有限公司，1994年10月。

许宗力，《宪法与法治国行政》，元照出版公司，1999年3月。

盐野宏，《行政法》I，月旦出版社股份有限公司，1996年5月。

杨芳婉，《两岸婚姻法与情》，永然文化出版股份有限公司，1995年10月。

杨松龄，《实用土地法精义》，五南图书出版公司，2000年8月。

约翰林，《民事法理与判决研究》，自刊，1998年11月。

曾代伟，《金律研究》，五南图书出版公司，1995年12月。

张家洋，《行政法》，三民书局，1991年2月。

郑玉波，《法学绪论》，三民书局，1992年8月。

中川善之助、泉久雄合著，《相续法》，有斐阁，1974年3月。

二、期刊、论文

蔡英文，“大陆政策与两岸关系答客问”法政类第四说明，2000年12月，该会网站。

蔡志方，《论行政诉讼法上各类诉讼之关系》（上），《月旦法学杂志》第五三期。

蔡志方，《论行政诉讼与民事诉讼共通之制度与法理》，《月旦法学杂志》第四十七期。

陈爱娥，《立法机关的社会政策形成自由与平等原则》，《台湾本土法学杂志》第十四期。

陈春生，《行政法学上之风险决定与行政规则——以规范具体化行政规则为中心》，《台湾本土法学杂志》第五期。

陈慈阳，《论规范具体化之行政规则在环境法中的外部效力》，《台湾本土法学杂志》第五期。

陈继民，《无人承认继承遗产归属之研究——兼论特别缘故者之财产分予》，辅仁大学法研所 1999 年硕士论文。

程立民，《论九二一紧急命令及其执行要点》，《现代地政》第二二六期。

董保城，《本土化职权命令法理建构之尝试》，《台湾本土法学杂志》第十一期。

法治斌，《职权命令与司法审查》，《台湾本土法学杂志》第十一期。

葛克昌，《租税债务不履行与限制出境》，《月旦法学杂志》第七十期。

古锦祥，《如何维护在台单身亡故荣民之大陆亲属权益》，《"退辅会" 1998 年度研究年报》。

郭振恭，《论继承之标的》（一），《台湾本土法学杂志》第十六期。

胡顺龙，《海峡两岸公证书的效力》（上）、（中）、（下），《司法周刊》第九一三至九一五期。

黄朝盟，《公务人员职务轮调制度之影响评估》，《行政暨政策学报》第一期。

黄锦堂，《行政法的概念、起源与体系》，收录于翁岳生编，《行政法 2000》（上）。

黄宗乐，《关于海峡两岸婚姻、收养及继承法律问题之研讨》，收录于《两岸法律论文集》，海基会出版，1994 年 10 月。

江大树、陶仪芬，《裁并"退辅会"的理由与方式》，《国家政策双周刊》第十九期，1991 年 10 月 15 日。

江玉林，《法主体性之建构与自由理念》，《杨日然教授纪念论文集》，月旦出版社股份有限公司，1997 年 6 月。

邝芷人，《公民社会与民主政治》，《东海哲学研究集刊》第六辑。

李惠宗，《从平等权拘束立法之原理论合理差别之基准》，台大法研所硕士论文，1988 年 6 月。

李惠宗，《行政契约之研究》，《中律会讯杂志》2000 年 8 月号。

李建良，《大陆地区人民的人身自由权》，《台湾本土法学杂志》第 11 期。

李孟融，《福利国家的宪法基础——及其基本权利冲突之研究》，《杨日然教授纪念论文集》，月旦出版社股份有限公司，1997 年 6 月。

林朝凯，《大陆地区公证制度暨两岸公证法规之比较》，《两岸法律论文集》第二辑，海基会编，1994 年 10 月。

林福隆，《解甲归田的勇士们何去何从》，《国魂杂志》第五七一期，1993 年 6 月。

林金荣，《委托私人行使公权力之理论》（上），《法令月刊》第五十一期。

林山田，《别迷失在主义的丛林中》，《台湾本土法学杂志》创刊号。

林文雄，《赖特布鲁的政治哲学》，《台大法学论丛》第二卷第二期。

林秀雄，《无人承认继承时剩余财产之归属》，《月旦法学杂志》第二十六期。

林雅芬，《中华人民共和国公证书及海基会认证之形式证据力》，《万国法律》第五十八期。

林政华，《从七十二年度台上字第八五号判决要旨看解约定金之规范功能与效力——以法律经济分析为方法》，《务实法学基金会判解研究汇编》（一），2001 年元月版。

刘南征，《涉台公证中遇到的几个法律问题》，《中国法学》第三期，1990 年 3 月。

刘宗德，《公法与私法之区别》，台湾行政法学会主编，《行政法争议问题研究》（上），五南图书出版公司，2000 年 12 月。

邱联恭，《民事法院与行政法院的职权冲突问题》，《民事诉讼法之研讨》（二），民事诉讼研讨会，1987 年 9 月。

《荣光周刊》第一八一五、一八三一期刊讯。

沈荣钦，《法律与经济学的方法论争议》，《月旦法学杂志》第十五期。

施俊尧，《浅谈刑事判决简化》（上），《司法周刊》第一〇二五期。

苏进强，《台湾退辅政策与“退辅会”功能之检讨》，《国家政策双周刊》五十八期，1993 年 4 月 30 日。

苏永钦，《特别法怎么个特别法》，《司法周刊》第一〇二一期。

苏永钦，《职权命令的合宪性问题——地方自治是否创造了特别的合宪存在基础》，《台湾本土法学杂志》第十一期。

田书墨，《谈谈大陆的公证制度——兼谈〈两岸公证书使用查证协议〉的有关问题》，《共党问题研究》第 19 卷第 10 期。

王文宇、白梅芳，《从经济观点论台湾公司重整制度》，《国家科学委员会研究汇刊（人文及社会科学）》第十卷第四期，2000 年 10 月。

文迪，《正视大陆地区公证书伪造及内容不实问题》，《交流杂志》第五五期，2001 年 2 月。

吴明轩，《重婚效力之探讨》，《月旦法学杂志》第 70 期。

吴天明，《两岸法律冲突与区际冲突法之研究——兼论港澳关系》，东吴大学法研所 1998 年硕士论文。

谢福源，《大陆地区公证制度之介绍》，《律师杂志》第二二七期。

许士宦，《公证法修正内容概述》，《台湾本土法学杂志》，第三期。

许文义，《论机关间权限分配与职权行使》，《月旦法学杂志》第六十六期。

杨昌国，《海峡两岸双重婚姻之法内情——司法院大法官会议第二四二号解释方法论上之检讨》，《务实法学基金会判解研究汇编》（一），2000 年 1 月版。

尤重道，《无人承认之继承登记实务研究》，《土地事务月刊》第二五八期。

曾华松，《理论之实践和实践之理论——最高行政法院判例之检讨》，《法令月刊》第五十一卷第十期。

张耿铭，《大陆修法遏阻重婚、同居歪风，非婚生子女与婚生子女享同等权利》，《联合报》2001 年 4 月 30 日第 14 版。

张琼文，《无人承认继承遗产之研究》，东海大学法研所 1999 年硕士论文。

赵原孙，《公证书的实质证据力——兼评最高法院八十六年台上字第二一四二号民事判决》，《法令月刊》第四十九卷第十二期。

郑闵中，《中国大陆公证制度之研究——兼论两岸公证书使用查证协议》，文化大学大陆研究所 1998 年硕士论文

郑云鹏，《谈公证书之证据力》、《再谈公证书之实质证据力兼论公证人之审查权》，《司法周刊》第八八四、九四二期。

三、相关网站

财团法人海峡交流基金会——http://www.sef.org.tw

“财政部国有财产署”——http://www.fnp.gov.tw/

“国军退除役官兵辅导委员会”——http://www.vac.gov.tw/

“内政部”——http://www.moi.gov.tw/

“司法院”——http://www.judicial.gov.tw/

“行政院大陆委员会”——http://www.mac.gov.tw/

“行政院法务部”——http://www.moj.gov.tw/
“中央通讯社”——http://www.cna.com.tw/

关键词索引

一画

二画

三画

四画

五画

六画

七画

八画

九画

十画

十一画

十二画

十三画

附录一　退除役官兵死亡无人继承遗产管理办法

修正日期：1999 年 05 月 11 日

第 1 条

本办法依“台湾地区与大陆地区人民关系条例”（以下简称本条例）第六十八条第三项规定订定之。

第 2 条

退除役官兵死亡（以下简称亡故退除役官兵）无人继承遗产，依本办法之规定办理。本办法未规定者，适用其它法令之规定。

第 3 条

本办法所称退除役官兵死亡无人继承遗产，系指退除役官兵死亡，无继承人、继承人有无不明或继承人因故不能管理之遗产。

第 4 条

亡故退除役官兵遗产，除设籍于“行政院国军退除役官兵辅导委员会”（以下简称辅导会）所属赡养机构者，由该赡养机构为遗产管理人外；余由设籍地辅导会所属之退除役官兵服务机构为遗产管理人。

第 5 条

遗产管理人对亡故退除役官兵之遗产，应详予清查并妥慎处理。

第 6 条

遗产管理人对亡故退除役官兵之遗产，应向其住所地之法院声请对大陆地区以外之继承人、债权人及受遗赠人分别依“民法”规定为公示催告。被继承人之债权人或受遗赠人为已知者，应通知其陈报权利。

遗产管理人如因管理亡故退除役官兵遗产而有必要时，得由“行政院”设立或指定之机构或委托之民间团体，公告协寻大陆地区继承人依法承认继承。

第 6-1 条

遗产管理人于接管遗产后，经审认大陆地区继承人身分有疑义时，应通知该继承人补足证明文件或循司法程序确认继承权。

第 7 条

遗产管理人依规定移交大陆地区继承人或受遗赠人之遗产，除有下列情形之一者外，应于本条例第六十六条第一项规定之表示继承期间届满后办理：

一、经法院判决确定移交遗产者，应依确定判决移交。

二、依第六条第一项规定所为公示催告，其期间届满在本条例第六十六条第一项规定之表示继承期间届满后者，应于公示催告期间届满后移交。

遗产管理人于公示催告所定期限或大陆地区人民应为继承表示之期限届满，无人继承之遗产，除依本条例第六十八条第四项规定捐助设置“财团法人荣民荣眷基金会”者外，于清偿债权、交付遗赠物并扣除第八条支出之费用后，如有剩余，应移交“国库”。

第 8 条

遗产管理人因管理遗产及办理亡故退除役官兵善后支出之费用，得由遗产内扣除。

第 8-1 条

遗产管理人为清偿债权、交付遗赠物或移交遗产给大陆地区继承人，有变卖遗产之必要者，应声请法院许可后办理。

依前项规定处分之遗产，其遗产总额以实际售价为准。

第 9 条

遗产管理人应将遗产保管、清偿、交付、移交及费用扣除之情形，定期陈报“辅导会”核备。

第 10 条

辅导会对各遗产管理人保管亡故退除役官兵遗产情形，应定期实施督导。

第 11 条

本办法作业程序，由“辅导会”定之。

第 12 条

本办法自发布日施行。

附录二　退除役官兵死亡无人继承遗产管理作业程序

（2010 年 09 月 17 日修正）

一、本作业程序依据退除役官兵死亡无人继承遗产管理办法第十一条规定订定之。

二、遗产管理：

（一）遗物清点：

1. 遗产管理人应于退除役官兵亡故之日起二日内（不含例假日），由善后服务小组会同下列人员实施遗物清点，并依遗物之种类、数量，缮具遗物清点清册（格式如附件一），共同签名确认：

（1）服务机构：村（里、邻）长、派出所警员、亲友及有关人员。

（2）赡养机构：同房代表、亲友及有关人员。

2. 处理亡故退除役官兵善后事项，遗产管理人得委托所在地之服务、赡养机构代为遗物清点。

3. 实施遗物清点，应拍照左证。

4. 清点遗物应注意遗嘱、债权或债务文件、大陆亲友信函、亡故退除役官兵笔迹、照片等资料，列入亡故退除役官兵个人档案收存，作为继承审核参考。

（二）遗产清查及处理：

1. 遗产管理人于清点遗物时发现亡故退除役官兵存款账户，应于清点完毕后立即以发函、传真或其它方式通知止付，并于十五日内检附死亡证明书（相验尸体证明书）、除户户籍誊本、存款簿（单）等，向金融机构、中华邮政公司、“国防部主计局”同袍储蓄会等办理存款结清，存入“国库”账户无息保管。

2. 遗产如由亲友先行处理，遗产管理人应向亲友详细说明法定遗产管理人相关法令及职务，并请亲友缴回遗产。如亲友拒绝缴回，遗产管理人得依法诉请返还。

3. 遗产管理人明亡故退除役官兵意识状态及提领人身分，必要时得会同警察机关查阅监视画面，依法处理。

4. 亡故退除役官兵支领退休俸而未至“中华邮政公司”办理验证转存，遗产管理人应向主管机关具领退休俸，纳入遗产管理。

5. 亡故退除役官兵生前订立人寿保险契约而未指定受益人者，其保险金额为亡故退除役官兵遗产，应向保险公司具领后纳入遗产管理。

6. 遗产管理人应于退除役官兵亡故日起三十日内，向稽征机关查询财产总归户清单及综合所得税各类所得数据清单，确认亡故退除役官兵遗留财产种类。

（三）办理公示催告：遗产管理人应于退除役官兵亡故之日起二个月内撰拟声请书状，向其住所之法院声请公示催告，公告亡故退除役官兵之大陆地区以外继承人、债权人及受遗赠人应于公示催告期间内承认继承、报明债权及声明愿受遗赠与否。

（四）编制遗产清册：遗产管理人应于申报遗产税前编制完成。

（五）申报遗产税：遗产管理人应于退除役官兵亡故之日起六个月内，向户籍所在地稽征机关申报遗产税，缴税（免税）证明应并案存档。

（六）亡故退除役官兵之遗产，除支出殡葬事务及管理遗产必要费用外，皆应列入遗产管理。

（七）遗物处理方式如下：

1. 现金：应于遗物清点当日存入“国库”账户无息保管，不能于当日存入“国库”者，于次一上班日为之。

2. 金银条块、饰品、金银币、外币、有价证券或其它有价值物品：原物妥封，每人专袋存放“国库”保管箱保管，封袋时并会同相关人员负责签章。

有鉴定价值之必要时，得洽请各同业公会代为鉴定。

3. 前目以外之家电、摄录像器材、车辆等物品，依勘用状况及参考“行政院”财物标准分类最低使用年限规定，得办理公开标售，所得价款并同遗款列入“国库”账户无息保管。

4. 勋（奖）章等纪念性物品，列入亡故退除役官兵个人档案收存，并同遗产交付。

5. 亡故退除役官兵遗嘱应列入个人档案收存，并依“民法”规定审查是否符合遗嘱法定形式。遗嘱有见证人者，应向见证人查证。如有疑义，得请利害关系人声请法院确认。

6. 不动产依退除役官兵死亡遗留不动产管理作业规定办理。

（八）1997 年 12 月 31 日前由本会所属赡养机构除外之其它机构管理遗产者，

应移交各该地区“荣民服务处”接管。

（九）大陆地区人民继承台湾地区人民遗产，其身分于继承开始起三年内转换为台湾地区人民时，遗产管理人应解除遗产管理职务，无待公示催告期满，扣除遗产管理期间所支费用后悉数交付。

（十）亡故退除役官兵遗有动产、不动产者，其公示催告之声请、代管期间应负担之管理、税赋、标售等相关必要费用支出，应由遗产支付。若无遗款或遗款不足以支付者，由遗款保管款垫支办理，结案时，垫付费用应收回归垫。属八十二年九月十七日以前捐助“财团法人荣民荣眷基金会”动产、不动产者，其代垫之处理费用向该基金会申请归垫。

（十一）亡故退除役官兵确无遗产，且属遗产管理人职责必要之支出（如办理除户誊本、死亡证明书、公示催告、诉讼等必要管理费用），得由“单身亡故荣民善后丧葬及遗产管理作业”相关经费匀支。

三、清偿债务及交付遗赠物：

（一）对于已知之亡故退除役官兵之债权人、受遗赠人，遗产管理人应自知悉起二个月内分别通知之。

（二）遗产管理人非于公示催告所定期间届满后，不得对亡故退除役官兵之任何债权人或受遗赠人，偿还债务或交付遗赠物。

（三）亡故退除役官兵之债权人或受遗赠人，不于公示催告所定期间内为报明或声明者，仅得就剩余遗产，行使其权利。

（四）遗产管理人对亡故退除役官兵债务之清偿，应先于遗赠物之交付。

（五）于清偿债务后，通知受遗赠人领取遗赠物。交付后，受遗赠人自行办理赠与移转登记，遗产管理人得提供必要数据协助之。但如有大陆地区继承人表示继承，应注意保留特留分。

四、遗产继承：

（一）声明继承：

1. 1992 年九月十八日以后之亡故退除役官兵，其大陆地区继承人，应于继承开始之日起，三年内以书面向被继承人住所地之法院为继承之表示，逾期视为抛弃继承。

2. 亡故退除役官兵死亡证明书（尸体相验证明书）、除户誊本之申请，应由继承人或其代理人检具证明文件向各该主管机关申请，如向遗产管理人索取，遗产管理人应予婉拒，且不得代为办理。

3. 法院向本会及遗产管理人函询为确认被继承人身分及遗产管理相关事项时，应函复说明被继承人年籍、亡故日期及有无遗产存管。

4. 法院准予备查文件，遗产管理人应列入亡故退除役官兵个人档案存查。

（二）申请遗产交付：

1、大陆地区继承人申请亡故退除役官兵遗产继承时，应备下列文件：

（1）申请书（格式如附件二）。

（2）法院准予备查文件。

（3）除户誊本。

（4）亲属系统表（由继承人亲自签名或盖章，格式如附件三）。

（5）经财团法人海峡交流基金会（以下简称海基会）验证之亲属关系公证书及委托公证书。但已取得依亲居留许可之大陆配偶，自行申请其本人继承案件者，不在此限。

（6）继承人或其代理人保证自己或大陆地区继承人身分真实之切结书（由继承人亲自签名或盖章，格式如附件四）。

（7）继承人常住人口登记卡或居民身分证，及最近三个月内全身（四乘六吋）照片一张。

（8）其它足资证明为亡故退除役官兵继承人之相关文件。

2、继承人或其代理人向遗产管理人函查亡故退除役官兵年籍、户籍地及遗产等事宜，应检附法院准予备查文件或经海基会验证之亲属关系公证书及委托公证书（继承人亲自申请者免附）。遗产管理人仅得回复亡故退除役官兵姓名、籍贯、生殁日期、国民身分证统一编号、户籍地及有无遗产存入“国库”无息保管。

（三）继承审核：

1、受理继承遗产申请案件，应注意下列事项，将审查结果填注于审核表（格式如附件五、附件六）：

（1）文件是否备齐。

（2）公证书是否经海基会验证。

（3）核对除户誊本与档案资料是否相符。

（4）法院准予继承人声明继承并发给准予备查文件，仅系非讼事件程序，故不生实体之确定力，如对实体权利谁属有争执，当事人或利害关系人均得另循诉讼程序解决之。

（5）继承表示是否逾继承期限。

（6）申请人（继承人）姓名、人数、地址与亲属关系公证书、委托公证书所载是否相符。

（7）法院准予备查文件是否列送达代收人，而未列继承人。

（8）法院准予备查文件是否有误缮或错误。

（9）亲属关系公证书依“台湾地区与大陆地区人民关系条例”第七条规定，推定为真正之文书，其实质上证据力由法院或主管机关认定。遗产管理人应依“台湾地区与大陆地区人民关系条例”施行细则第九条规定，查明有无反证事实证明其为不实，严格审核。

（10）检视档案，有关治丧会议纪录、遗嘱、大陆亲友信函、探亲纪录及大陆亲属等数据，与亲属关系公证书详细核对，认定继承人真伪。

（11）亡故退除役官兵除户誊本所载年籍、出生别、出生地、配偶、父母等与亲属关系公证书是否相符。

（12）继承人是否符合“民法”第一千一百三十八条之规定。

（13）除户誊本，如欠缺相关亲属之记载，函请“内政部入出国及移民署”“国防部”或其所属各军种司令部等机关查询亡故退除役官兵出境及兵籍资料，核对亲属关系是否真实。

（14）继承人与亡故退除役官兵籍贯是否相符？年龄差距是否有违常理？公证书就籍贯或年龄差距等事项是否述明？

（15）公证书内容是否涂改，校对章是否真实。

（16）查明有无代位继承及再转继承之事实存在，如有疑义，应请继承人补正。

（17）三年继承期限届满，应向法院查证有无其它继承人。

（18）其它事项。

2、申请文件不齐，应通知继承人或其代理人补正，并为下列处理：

（1）法院准予备查文件内容错误或遗漏，应请法院确认。法院准予备查文件记载之继承表示已逾继承期限时，应请法院撤销。

（2）亲属关系公证书有伪造或变造之虞、欠明确、错误或有违常理者，应函请继承人补正。如有疑义时，得函请海基会向大陆地区相关机关查证。

（3）除户誊本未经户政机关钤印，或有伪造、变造之虞者，应函请户政机关查证。

（4）申请相关文件如确属伪造、变造，得函送检调机关侦办。

3. 不同继承人分别委托其它继承人或不同代理人提出申请时，应详为查证，或函请海基会查证申请数据真伪。

4. 受理继承遗产申请案件，得向继承人调阅亡故退除役官兵返乡探亲合影照片、往来书信，或向无继承权之大陆地区亲属、朋友、同袍查证。

5. 不符法定继承要件，应限期通知补正或否准继承。如继承人或其代理人异议，得请其循法律途径解决。

6. 继承人身分与遗产管理人档案数据相互核对时，有反证事实证明亲属关系公证书不实者，得先行函请海基会查明，再为继承准否之决定。

7. 遗产管理人于清偿债权、交付遗赠及遗产后，解除职务。如继承人对继承相关事项仍有争执，得请其依法律途径解决。

8. 继承案件，如涉及法律疑义，得委由律师提供法律意见后据以审认。其出具法律意见书或进行诉讼程序之所需费用，由遗产中支付。

（四）遗产交付：

1. 遗产管理人非于公示催告及大陆地区继承人三年继承期限届满，且完成债权清偿及遗赠物交付后，不得为大陆地区继承人移交遗产。

2. 遗产管理人应于继承期限届满后，向法院查证继承表示状态，作为遗产交付或解缴国库之依据。

3. 遗产继承案件核定后，应函请继承人确认给付方式，并填具下列文件领取遗款：

（1）领据（格式如附件七）。

（2）切结书（格式如附件八）。

（3）保证书（格式如附件九）。

4. 继承限制：

（1）大陆地区人民依法继承者，其所得财产总额，每人不得逾新台币二百万元。

（2）遗嘱人以其在台湾地区之财产遗赠大陆地区人民、法人、团体或其它机构者，其遗赠总额不得逾新台币二百万元。

（3）大陆地区人民为亡故退除役官兵配偶，且退除役官兵亡故于 2009 年 8 月 14 日以后，不适用遗产继承及接受遗赠总额不得逾新台币二百万元之限制规定。

（4）大陆地区人民依规定不能取得以不动产为标的者，应按该权利折算为价额。但大陆地区人民为台湾地区人民经许可长期居留之配偶，得继承以不动产为标的之遗产，不适用权利折算为价额之规定。

5.1993 年 9 月 17 日以前未经亡故退除役官兵遗赠，且大陆地区人民未于“台湾地区与大陆地区人民关系条例”第六十六条所定期限内完成继承之遗产，属捐助“财团法人荣民荣眷基金会”者，应协助该基金会查证相关资料。

6. 大陆地区继承人入境领取遗产时，应会同代理人依本款第三目规定协商后签立领据交付。

7. 遗产发还前，应先通知骨灰存放管理单位（墓园），准由继承人或其代理人领取骨灰，继承人或其代理人领取骨灰后，始得发还遗产。但自购墓园、塔位或配偶取得依亲居留许可者，不在此限。

五、归属“国库”：

（一）属 1993 年 9 月 18 日以后亡故之无人承认继承遗款，及遗款于清偿债权、交付遗赠或交付继承后，如有剩余，应定期造册陈报本会解缴“国库”（格式如附件十）。动产保管品每年至少应办理一次解缴“财政部国有财产局”。

（二）遗产管理人应与“财政部国有财产局”或其受托接收单位，协调有关移交事宜。

六、一般规定：

（一）亡故退除役官兵遗产总额新台币一百万元以上者，遗产管理人应先完成清偿债务、遗赠或继承之初审（遗赠审核表格式如附件十一），并连同档案报本会复审。

（二）受遗赠人、继承人或其代理人领取遗赠或遗产时，由首长或其授权之人交付，并拍照存证。

（三）遗赠或遗产经交付后一个月内，应将国库支票、领款签收证明、委托公证书（以上均为复印件）函知受遗赠人或代理人户籍所在地稽征机关，供稽征机关核课所得报酬税赋。报本会复审案件，除以上附件外，应并附切结书、保证书及照片等复印件副知本会。

（四）遗产管理人应将遗产管理、清偿、交付、移交等处理情形，登载于“善后服务暨遗产管理信息系统”，确实校对。

附件一

（全衔）亡故去台老兵遗物清点清册　　　年　　月

<table>
<tr><td>姓名</td><td></td><td>籍贯</td><td></td><td>出生日期</td><td></td><td>亡故日期</td><td></td></tr>
<tr><td>区分</td><td colspan="2">遗物名称</td><td colspan="2">数量 / 重量 / 金额</td><td colspan="2">处理情形</td><td>备考</td></tr>
<tr><td rowspan="5">遗款</td><td colspan="2">现金</td><td colspan="2"></td><td colspan="2" rowspan="5">通知止付时间：
年　月　日　时</td><td rowspan="23">一、清点时间：
年　月　日
时　至　时

二、地点：

三、清点人员签名：（若村里邻长或警员不克前来，需注明原因）</td></tr>
<tr><td colspan="2">国军同袍储蓄会
定存单</td><td colspan="2"></td></tr>
<tr><td colspan="2">邮局存簿
定存单</td><td colspan="2"></td></tr>
<tr><td colspan="2">银行存簿
定存单</td><td colspan="2"></td></tr>
<tr><td colspan="2">银行存簿
定存单</td><td colspan="2"></td></tr>
<tr><td rowspan="3">金饰证券</td><td colspan="2">金饰</td><td colspan="2"></td><td colspan="2" rowspan="3"></td></tr>
<tr><td colspan="2">外币</td><td colspan="2"></td></tr>
<tr><td colspan="2">证券</td><td colspan="2"></td></tr>
<tr><td rowspan="3">遗嘱文件</td><td colspan="2">遗嘱</td><td colspan="2"></td><td colspan="2" rowspan="3"></td></tr>
<tr><td colspan="2">债权债务文件</td><td colspan="2"></td></tr>
<tr><td colspan="2">信函、笔迹、照片</td><td colspan="2"></td></tr>
<tr><td rowspan="2">纪念品</td><td colspan="2"></td><td colspan="2"></td><td colspan="2" rowspan="2"></td></tr>
<tr><td colspan="2"></td><td colspan="2"></td></tr>
<tr><td rowspan="3">不动产</td><td colspan="2">有权状房地</td><td colspan="2"></td><td colspan="2" rowspan="3">（需注明不动产座落位置）</td></tr>
<tr><td colspan="2">违建屋</td><td colspan="2"></td></tr>
<tr><td colspan="2"></td><td colspan="2"></td></tr>
<tr><td rowspan="4">有价物品</td><td colspan="2"></td><td colspan="2"></td><td colspan="2" rowspan="4"></td></tr>
<tr><td colspan="2"></td><td colspan="2"></td></tr>
<tr><td colspan="2"></td><td colspan="2"></td></tr>
<tr><td colspan="2"></td><td colspan="2"></td></tr>
<tr><td rowspan="3">其它</td><td colspan="2"></td><td colspan="2"></td><td colspan="2" rowspan="3"></td></tr>
<tr><td colspan="2"></td><td colspan="2"></td></tr>
<tr><td colspan="2"></td><td colspan="2"></td></tr>
<tr><td>拟办</td><td colspan="4"></td><td>批示</td><td colspan="2"></td></tr>
</table>

附件二

请领遗产申请书

一、继承人__________为大陆地区合法继承人，亲自请领（或由其代理人__________代为请领）故去台老兵（被继承人）__________遗产。

二、检附下列文件：

（一）地方法院裁定书一件。

（二）除户誊本一件。

（三）亲属系统表一件。

（四）__________省__________市（县）公证书二件。

（五）海基会验证公证书二件。

（六）保证继承人身分切结书。

（七）继承人常住人口登记卡或居民身分证一件。

（八）最近三个月内全身照片（4 乘 6 吋）一张。

注：上列（四）、（五）两项委托公证书如系继承人亲自申办时免附。

、 此致

"荣民服务处"（"荣家"）

继承人： （签章）

通讯地址：

电话：

代理人： （签章）

通讯地址：

电话：

年 月 日

附件三

亲属系统表

继承顺位：　　被继承人：　　　　配偶：

（生：日期）

（殁：日期）　　　　　　　　　　（死亡日期）

第一顺位

（直系血亲）

卑亲属

第二顺位

（父母）

第三顺位

（兄弟姊妹）

第四顺位

（祖父母）

注一：本表系　　　亲属系统表，如有遗漏或错误，申请人及代理人愿负连带损害赔偿及有关法律责任。

注二：本表若登载不实，应负伪造公文书之罪（依据刑法第二一四条）。

继 承 人：　　　　　　　　　　（签章）

通讯地址：

电　话：

代 理 人：　　　　　　　　　　（签章）

通讯地址：

电　话：

年　　月　　日

附件四

保证继承身分切结书

立书人_________(受大陆继承人_________等人之委托)，申请（代办）亡故去台老兵_________君遗产继承等事项，并请领（代为请领）遗产，兹保证大陆继承人之身分真实，如有虚假不实，本人愿负相关民刑事法律责任及贵处因此所致生之损害，并与继承人等负连带赔偿责任。特立此书为证。

此 致

________“荣民服务处”（“荣家”）

立书人

签　名：________________________(签章)

身分证统一编号：________________

住　址：________________

电　话：________________

手　机：________________

年　月　日

附件五

（全衔）亡故去台老兵遗产继承审核表（一）　年　月　日					
亡故去台老兵（被继承人）姓名		籍贯	出生日期	亡故日期	继承期限
			年　月　日	年　月　日	年　月　日
继承人姓名	出生日期	与去台老兵关系	住址		备考
	年 月 日				
	年 月 日				
	年 月 日				
	年 月 日				
	年 月 日				
	年 月 日				
代理人姓名		住址		电话	

检附文件					
名称	日期	文号	海基会验证		备考
			日期	文号	
一、法院裁定书					
二、除户誊本					
三、继承系统表					
四、委托公证书					
五、亲属关系公证书					
六、切结书					
七、继承遗产分配情形					
八、其它					
审核意见及建议					

拟办		批示	

附件六

<table>
<tr><td colspan="7">（全衔）亡故去台老兵遗产继承审核表（二）　　年　　月　　日
审核人：</td></tr>
<tr><td rowspan="2">分区</td><td rowspan="2">审核项目</td><td colspan="2">结果</td><td rowspan="2">审核意见</td><td rowspan="2">处理措施</td><td rowspan="2">备考</td></tr>
<tr><td>是</td><td>否</td></tr>
</table>

申请文件	1. 申请文件是否齐备。					
	2. 公证书是否经海基会验证。					
	3. 除户誊本有无户政单位钤印。					
	4. 除户誊本与档案数据是否相符。					
	5. 继承系统表，系统表代理人是否签署负法律责任。					
法院准予备查文件	1. 继承表示是否已逾继承期限。					
	2. 申请人姓名、人数、地址与委托书所载是否相符。					
	3. 法院准予备查文件是否仅列送达代收人而未列继承人					
	4. 法院准予备查文件是否有误缮或错误。					
委托及亲属关系公证书	1. 公证书内容是否涂改。					
	2. 亲属关系公证书内容是否与除户誊本所载亡故去台老兵年籍、出生别、出生地、配偶、父母等亲属是否相符。					
	3. 亲属关系公证书内容与治丧会议记录、遗嘱、大陆亲友信函、大陆亲属等数据检验是否相符。					
	4. 继承人与亡故去台老兵之年龄差距是否有违常理。					
	5. 继承人与被继承人籍贯是否相符。					
	6. 继承人身分是否符合“民法”第一千一百三十八条之规定。					
	7. 有无代位继承及再转继承之状况，而未列入继承。					
	8. 三年继承期限届满，有否向法院查证有无其它继承人。					
	9. 其它					

附件七

领　据

立据人＿＿＿＿＿兹领到亡故去台老兵＿＿＿＿＿遗产如下：

一、新台币＿＿百＿＿万＿＿千＿＿百＿＿拾＿＿元整

(＿＿＿＿＿＿银行支票号码：＿＿＿＿＿＿＿＿＿＿＿＿＿)。

二、金饰共重＿＿＿＿＿公克（壹袋，内含＿＿＿＿＿＿＿＿＿）

此据

具 领 人：

身分证统一编号：

住　　址：

电　　话：

年　　月　　日

附件八

遗骸（骨灰）具领切结书

立切结书人_________，保证将领取之亡故去台老兵_________骨灰罐，妥善安厝（代理人：负责送交委托人，如有失误愿负法律责任）特立切结书为证。

立切结书人：

身分证统一编号：

住址：

电话：

年　　月　　日

附件九

保 证 书

立书人________，确受故________君之大陆继承人________之委托，申领故__________君之遗产（遗物）及骨灰无讹，并保证具领人于三个月内将遗产（遗物）及骨灰交付委托人。如去台老兵生前系自购合法永久骨灰塔位或墓地，则自负墓园管理、祭祀之责，又土葬者日后若因有迁葬之事由及需要，由立书人全权负责并负担相关费用，特立此书为证。

立书人：

身分证统一编号：

住址：

电话：

年　　月　　日

附件十

〇〇“荣服处”（“荣家”）〇〇年度第〇次解缴亡故去台老兵无人继承或继承剩余遗款缴库统计表

编号	亡故去台老兵姓名	身分证统一编号（无身分证统一编号者，请注明兵籍号码）	亡故日期	解缴金额	函询法院是否有人继承公文日期、文号	备注（如：不动产是否已缴“国产署”或负数遗款之理由）
	合计金额					

附件十一

<table>
<tr><td colspan="9">（全衔）亡故去台老兵遗产赠与审核表　　　　年　月　日</td></tr>
<tr><td colspan="2">故去台老兵姓名</td><td>籍　贯</td><td>出生日期</td><td colspan="3">亡故日期</td><td colspan="2">继承期限</td></tr>
<tr><td colspan="2"></td><td></td><td>年　月　日</td><td colspan="3">年　月　日</td><td colspan="2">年　月　日</td></tr>
<tr><td>受遗赠人姓名</td><td>出生日期</td><td colspan="6">住　　　址</td><td>备　考</td></tr>
<tr><td></td><td>年 月 日</td><td colspan="6"></td><td></td></tr>
<tr><td></td><td>年 月 日</td><td colspan="6"></td><td></td></tr>
<tr><td></td><td>年 月 日</td><td colspan="6"></td><td></td></tr>
<tr><td></td><td>年 月 日</td><td colspan="6"></td><td></td></tr>
<tr><td></td><td>年 月 日</td><td colspan="6"></td><td></td></tr>
<tr><td></td><td>年 月 日</td><td colspan="6"></td><td></td></tr>
<tr><td>代理人姓名</td><td></td><td>住　址</td><td colspan="2"></td><td>电话</td><td colspan="3"></td></tr>
<tr><td>遗嘱执行人姓名</td><td></td><td>住　址</td><td colspan="2"></td><td>电话</td><td colspan="3"></td></tr>
</table>

<table>
<tr><td colspan="9">检附文件及审核项目</td></tr>
<tr><td colspan="2" rowspan="2">名　　称</td><td rowspan="2">日　期</td><td colspan="3" rowspan="2">文　号</td><td colspan="2">海基会验证</td><td rowspan="2">备　　考</td></tr>
<tr><td>日期</td><td>文号</td></tr>
<tr><td colspan="2">一、委托公证书</td><td></td><td colspan="3"></td><td></td><td></td><td></td></tr>
<tr><td colspan="2">二、亲属关系公证书</td><td></td><td colspan="3"></td><td></td><td></td><td></td></tr>
<tr><td colspan="2">三、切结书</td><td colspan="6"></td><td></td></tr>
<tr><td colspan="2">四、遗嘱</td><td colspan="6"></td><td></td></tr>
<tr><td colspan="2">五、通知受遗赠人函文</td><td></td><td colspan="5"></td><td></td></tr>
<tr><td colspan="2">六、法院查证函复继承公函</td><td></td><td colspan="5"></td><td></td></tr>
<tr><td colspan="2">七、遗赠分配情形</td><td colspan="6"></td><td></td></tr>
<tr><td colspan="2">八、其它</td><td colspan="6"></td><td></td></tr>
<tr><td>审核综合意见及建议</td><td colspan="8"></td></tr>
<tr><td>拟办</td><td colspan="3"></td><td>批示</td><td colspan="4"></td></tr>
</table>

附录三 “行政院大陆委员会”与财团法人海峡交流基金会签订之委托契约及附件

委托契约

立契约书人“行政院大陆委员会”（以下简称甲方）为处理台湾地区与大陆地区人民往来衍生之问题，特依“台湾地区与大陆地区人民关系条例”第四条，委托财团法人海峡交流基金会（以下简称乙方）处理有关中介事务，双方同意订立本契约，其条款如次：

第一条（委托事项）

甲方委托乙方处理台湾地区与大陆地区人民往来有关之事务，其详细内容如附件；甲方经乙方同意后得增减委托项目。

甲方得视业务需要，个别委托乙方处理前项附件内容以外之其它有关事务。

第二条（设立分支机构）

乙方因处理委托事务之需要，在第三地区或大陆地区设立分支机构时，应先征得甲方之书面同意。

第三条（自行处理原则、复委托应遵守之要求）

乙方应自行处理委托事务。

乙方经甲方事先书面同意，得委托具有公信力、专业能力及经验之其它具公益性质之法人，协助处理受托事务。

第四条（对第三人行为之责任）

乙方依前条规定，使第三人代为处理委托事务者，仅对该第三人之选任及所为之指示，负其责任。

乙方违反前条规定，使第三人代为处理委托事务者，就该第三人之行为，应与自己之行为负同一责任。

第五条（利他约定）

乙方经甲方同意使第三人代为处理委托事务者，应使甲方得直接请求该第三人履行。

第六条（指示权）

乙方处理委托事务，应受甲方指示、监督，乙方并应以善良管理人之注意为之。但乙方处理委托事务，系依甲方之具体指示为之者，乙方不负责任。

乙方非有急迫之情事，并可推定甲方若知有此情事亦允许变更其指示者，不得变更甲方之指示。

第七条（报告义务）

乙方应将委托事务进行之状况，按季或应甲方之要求随时报告甲方。于委托关系终止时，并应报告其始末。

第八条（核定事项）

乙方为处理委托事务之必要而订定或修正之各种办事细则、办法等，应送甲方核定。甲方认有不妥之处，得指示乙方修正。

第九条（费用收取）

乙方为处理委托事务，得向委托机关以外之第三人收取费用时，应订定收费标准，并送甲方核定。其修正亦同。

第十条（违约责任）

乙方因处理委托事务有故意、过失或因逾越权限之行为所生之损害，对于甲方应负赔偿之责。如因而致甲方对第三人应负赔偿责任时，甲方于赔偿后，得对乙方求偿。

乙方就其本身及会务人员处理委托事务之责任，应投保责任险，并使甲方优先受偿。

第十一条（奖惩建议）

乙方之会务人员办理委托事务有绩效者，甲方得建议乙方为适当之奖励。

乙方之会务人员办理委托事务有疏失者，甲方得建议乙方为适当之惩处。

第十二条（经费补助）

乙方请求甲方捐（补）助其因处理委托事务所需之经费时，应事先研提计划，送甲方审核，并应接受甲方之监督与考核；其经费运用如有违反相关法令、计昼内容时，甲方得撤销全部或一部之捐（补）助，并要求退还已捐（补）助之经费。

第十三条（因可归责于乙方之事由终止契约）

乙方未能履行本委托契约所定义务，经甲方要求改正仍未遵行者，甲方得终止本契约委托事务之全部或一部。

第十四条（因政策：变更或其它公益考虑之终止契约）

甲方因政策变更，或为防止或除去对公益之重大危害，得随时终止本契约委托事务之全部或一部。

前项终止权之行使，如导致乙方发生财产上之损失，甲方应予合理之补偿。

第十五条（乙方续行处理之义务）

甲方终止契约时，乙方仍应依甲方之指示继续处理后续事宜。

第十六条（未尽事宜）

本契约未尽事宜，依“台湾地区与大陆地区人民关系条例”及相关法令规定办理。

第十七条（契约期间）

本契约有效期间自2013年10月28日起至2014年10月27日止，为期一年。期限届满前一个月内，双方如无异议，自动延长一年。再次期满者，亦同。

甲 方：“行政院大陆委员会”

代表人：王郁琦

地 址：台北市中正区济南路1段2-2号15-18楼

乙 方：财团法人海峡交流基金会

代表人：林中森

地 址：台北市中山区北安路536号

2013年10月28日

附件——各机关请“行政院大陆委员会”统筹委托财团法人海峡交流基金会处理大陆事务事项一览表

委托事项	委托机关
壹、大陆地区文书查验证事项	
一、大陆地区各类公证书之查验证。	“司法院” “行政院法规会” “铨叙部” “内政部” “外交部” “国防部” “财政部” “教育部” “法务部” “经济部” “交通部” “文化部” “卫生福利部” “蒙藏委员会” “行政院人事行政总处” “行政院环境保护署” “金融监督管理委员会” “行政院国军退除役官兵辅导委员会” “行政院国家科学委员会” “行政院农业委员会” “行政院劳工委员会” “行政院公共工程委员会”等机关
二、其它在大陆地区制作文书之查验证。	“司法院” “行政院法规会” “铨叙部” “内政部” “外交部” “国防部” “财政部” “教育部” “法务部” “经济部” “交通部” “文化部” “卫生福利部” “蒙藏委员会” “行政院人事行政总处” “行政院环境保护署” “金融监督管理委员会”

委托事项	委托机关
	“行政院国军退除役官兵” “辅导委员会” “行政院国家科学委员会” “行政院农业委员会” “行政院劳工委员会” “行政院公共工程委员会”等机关
贰、人身安全及纠纷之协处事项	
一、现阶段非法入境大陆人民（含渔民）遣返作业及国军、海岸巡防机关执行驱离或采必要防卫处置，导致人员伤亡纠纷之协处。	“内政部” “国防部” “行政院海岸巡防署”
二、台湾地区（含金马地区）渔民与大陆渔民海上作业纠纷及紧急事故之协处。	“行政院海岸巡防署” “行政院农业委员会”
三、1949年以后，投奔自由抵台反共义士（原共军官兵）之滞留大陆眷属申请探亲、财产继承、索赔或重婚官司等事件之协处。	“国防部”
四、台湾地区人民在大陆地区发生急难或意外伤亡事件之协处。	“内政部” “经济部” “交通部” “卫生福利部” “行政院国军退除役官兵辅导委员会”
五、台湾地区人民在大陆地区发生人身安全事件之协处。	“内政部” “法务部” “经济部” “交通部” “卫生福利部” “行政院国军退除役官兵辅导委员会”
六、台湾地区人民赴大陆地区旅游，所衍生旅游相关民事纠纷之协处。	“交通部”等机关
七、大陆船员随商船航行至台湾地区港口发生纠纷之协处。	“交通部”
八、涉及两岸之海上人命救助、海难事件、海事纠纷及海上安全事项之协处。	“交通部” “行政院海岸巡防署” “行政院农业委员会”
九、两岸民间农产品买卖纠纷之协处。	“行政院农业委员会”
十、两岸贸易、投资、技术合作等商务纠纷之协处。	“经济部”

委托事项	委托机关
十一、两岸智慧财产权纠纷之协处。	“经济部” “国立故宫博物院” “行政院农业委员会”等机关
十二、台湾地区新闻、出版、电影、广播电视、录像节目及艺文人士于大陆地区发生纠纷之协处。	“文化部”
十三、两岸、内蒙古及西藏地区人士权益纠纷之协处。	“蒙藏委员会”
十四、赴大陆地区探亲或定居之台湾地区人民发生纠纷之协处。	“行政院国军退除役官兵辅导委员会”等机关
十五、协助台湾地区人民处理原在大陆地区之私有财产。	“行政院国军退除役官兵辅导委员会”等机关
十六、台湾地区公务船舶与大陆船舶发生碰撞等纠纷之协处。	“国防部” “交通部” “行政院海岸巡防署”
十七、大陆地区人民在台湾地区发生急难或意外伤亡事件之协处。	“内政部” “教育部” “经济部” “交通部” “卫生福利部”
十八、大陆地区人民在台湾地区发生人身安全事件之协处。	“内政部” “教育部” “法务部” “经济部” “交通部” “卫生福利部”
十九、台商在大陆地区发生经贸纠纷之协处。	“经济部”
二十、两岸消费者权益保护事项之协处。	各目的事业主管机关
二一、台湾地区人民在大陆地区人身自由受限制通知家属，家属赴陆探视及聘请律师之协处。	“法务部” “经济部”
二二、协助大陆地区人民在台因犯罪案件死亡或受重伤等，其家属申请补偿金作业咨询事宜。	“法务部”
叁、两岸共同打击犯罪、司法互助及两岸人民遣返（送）之协处事项	

委托事项	委托机关
一、两岸共同打击跨境诈欺、毒品、走私等犯罪案件及司法互助相关协处事项。	“内政部” “财政部” “法务部” “行政院海岸巡防署” “行政院农业委员会” “国家通讯传播委员会”
二、台湾地区人民自大陆地区遣返之联系协处事项。	“内政部”
三、大陆地区人民自台湾地区遣送之联系协调事项。	“内政部”
肆、文书送达及查证事项	
一、关于两岸间司法文书送达及证据调查事项之协处。	“司法院” “国防部” “法务部”
二、提存事件中受取人为大陆地区人民，其身分文件之查证。	“司法院”
三、协助行政机关对大陆地区之文书送达及证据调查事项。	“行政院法规会” “公务人员保障暨培训委员会” “内政部” “国防部” “财政部” “经济部” “行政院国军退除役官兵辅导委员会”等机关
四、大陆地区人民在台湾地区因案受羁押或徒刑、拘役之执行者，关于其个案资料之搜集；有因重病、死亡（含被执行死刑）或其它重要情事，需通知其在大陆地区之配偶或家属者，关于其通知；有在监（所）死亡者，关于其遗留财物之处理等事项。	“法务部”
伍、两岸人民入出境之协助事项	
一、协助在台湾地区无有效证件之大陆地区人民返回大陆之联系协调事项。	“内政部”
二、大陆地区人民申请来台奔丧或探望在台重病（伤）而有生命危险亲属案件之协处。	“内政部” “行政院国军退除役官兵辅导委员会”等机关
三、协助在大陆地区证件逾期或遗失之我方人民返回台湾地区之联系协调事项。	“内政部” “行政院国军退除役官兵辅导委员会”等机关

委托事项	委托机关
四、废止或撤销台湾地区人民身分回复大陆地区人民身分联系协调事项。	“内政部”
五、协助推动建立大陆配偶入境前辅导机制。	“内政部”
六、协寻及协助探视遭配偶一方带赴大陆地区等情形之台湾地区未成年子女。	“内政部” “卫生福利部”
陆、两岸医药卫生协助事项 两岸食品、药品安全讯息通报、求偿及传染病防治、疫情协处等事宜。	“卫生福利部”
柒、台商、台生、台配、陆配联系与服务事项	
一、协助当局与台商间之沟通与联系事项，办理台商座谈联系活动。	“经济部” “各财经主管部会”
二、协助执行大陆投资台商向政府申请许可或补报备相关事宜。	“经济部”
三、协助倡导“国家”重大产业政策及当局重要讯息，并向当局反映台商意见。	“经济部” “卫生福利部” “行政院经济建设委员会” “金融监督管理委员会会” “行政院农业委员会” “各财经主管部会”等机关
四、陆资来台之联系与服务。	“经济部”等机关
五、办理各级台生研习活动。	“教育部”
六、办理台商子女研习及亲师座谈相关活动（含台商子女夏令营、台商子女学校教职员座谈联谊、台商子女亲职座谈）。	教育部”
七、办理关怀台配、陆配相关活动（含大陆配偶关怀、两岸婚姻、亲子交流、参访、座谈与咨询以及配合主管机关或与其它民间团体合(协)办之活动)。	“内政部”
捌、数据搜集、研析及两岸交流事项	

委托事项	委托机关
一、协助各机关搜集大陆地区政治、财经、社会、文教、医疗、科技等资料。	“司法院” “行政院消费者保护处” “考选部” “内政部” “财政部” “教育部” “法务部” “经济部” “交通部” “文化部” “卫生福利部” “蒙藏委员会” “中央银行” “行政院环境保护署” “行政院经济建设委员会” “金融监督管理委员会” “行政院原子能委员会” “行政院国家科学委员会” “行政院农业委员会” “行政院劳工委员会” “行政院公共工程委员会” “国家通讯传播委员会”等机关
二、研析两岸政策、情势、体制与法制出版品与资料，并委托研究与民调。	“司法院” “行政院消费者保护处” “考选部” “内政部” “财政部” “教育部” “法务部” “经济部” “交通部” “文化部” “卫生福利部” “蒙藏委员会” “中央银行” “行政院环境保护署” “行政院经济建设委员会” “金融监督管理委员会” “行政院原子能委员会” “行政院国家科学委员会” “行政院农业委员会” “行政院劳工委员会” “行政院公共工程委员会”

委托事项	委托机关
	“国家通讯传播委员会”等机关
三、配合当局推动特定专业交流项目。	各目的事业主管机关
四、配合当局掌握两岸专业交流动态。	“内政部”等机关
五、协助大陆专业人士申请来台之审查、派员随团或重点访视等事宜。	“内政部”等机关
六、协处大陆台商专案邀请大陆人士来台交流事宜。	“内政部”等机关
玖、两岸协议执行之协处事项	各目的事业主管机关

附注：本附件所列各机关请“行政院大陆委员会”统筹委托财团法人海峡交流基金会处理大陆事务之事项，于各该机关因当局组织改造调整机关名称或调移业务时，由更名或业务调移后之机关继续委托，不另修正。

附录四　两岸公证书使用查证协议

1993 年 5 月 13 日“行政院”第二三三一次会议准予备查

“行政院台八十二秘字第一五九九二号函”

1993 年 5 月 24 日“司法院（82）院台厅司三字第○九一八一号函”会衔分行

“考试院（82）考台秘议字第一六六六号函”

财团法人海峡交流基金会与海峡两岸关系协会、中国公证员协会，就两岸公证书使用查证事宜，经协商达成以下协议：

一、联系主体

（一）关于寄送公证书副本及查证事宜，双方分别以财团法人海峡交流基金会与中国公证员协会或有关省、自治区、直辖市公证员协会相互联系。

（二）本协议其它相关事宜，由财团法人海峡交流基金会与海峡两岸关系协会联系。

二、寄送公证书副本

（一）双方同意相互寄送涉及继承、收养、婚姻、出生、死亡、委托、学历、定居、扶养亲属及财产权利证明公证书副本。

（二）双方得根据公证书使用需要，另行商定增、减寄送公证书副本种类。

三、公证书查证

（一）查证事由

公证书有下列情形之一，双方应相互协助查证：

1．违反公证机关有关受理范围规定；

2．同一事项在不同公证机关公证；

3．公证书内容与户籍数据或其它档案数据记载不符；

4．公证书内容自相矛盾；

5．公证书文字、印鉴模糊不清，或有涂改、擦拭等可疑痕迹；

6．有其它不同证据数据；

7．其它需要查明事项。

（二）拒绝事由

未叙明查证事由，或公证书上另加盖有其它证明印章者，接受查证一方得附加理由拒绝该项查证。

（三）答复期限

接受查证一方，应于收受查证函之日起三十日内答复。

（四）查证费用

提出查证一方应向接受查证一方支付适当费用。

查证费用标准及支付方式由双方另行商定。

四、文书格式

寄送公证书副本、查证与答复，应经双方协商使用适当文书格式。

五、其它文书

双方同意就公证书以外的文书查证事宜进行个案协商并予协助。

六、协议履行、变更与终止

双方应遵守协议。

协议变更或终止，应经双方协商同意。

七、争议解决

因适用本协议所生争议，双方应尽速协商解决。

八、未尽事宜

本协议如有未尽事宜，双方得以适当方式另行商定。

九、签署生效

本协议自双方签署之日起三十日后生效实施。

本协议于四月廿九日签署，一式四份，双方各执两份。

财团法人海峡交流基金会

代表　　辜振甫　邱进益

海峡两岸关系协会

代表　　汪道涵　唐树备

1993 年 4 月 29 日

附注：

一、关于增加寄送公证书副本种类事宜（财团法人海峡交流基金会与大陆海峡两岸关系协会以换文方式确认，并自 1995 年 2 月 1 日起生效）：

财团法人海峡交流基金会与海峡两岸关系协会、中国公证员协会依据“两岸公证书使用查证协议”第二条规定，商定增加寄送涉及税务、病历、经历、专业证明等四项公证书副本。

二、自 1997 年 6 月起，两岸公证书副本之寄送范围，即增加大陆地区产制之农药、动物用药品、饲料及饲料添加物、肥料、人用药品、医疗器材、一般化妆品(眼线及睫毛膏)、含药化妆品、食品添加物、水产品、锭状胶囊状食品、特殊营养食品、环境卫生用药品等物品之产品许可制售证明文件、涉及授权文书、制造工厂数据、卷标及说明书、水产品霍乱弧菌阴性证明或投药杀菌证明、成分证明文件、产品检验证明文件之公证书副本。